最好的教育是赋能

THE BEST EDUCATION IS EMPOWERMENT

杨海 编著

漫画版

花山文艺出版社
河北·石家庄

图书在版编目（CIP）数据

最好的教育是赋能 / 杨海编著 . -- 石家庄 : 花山文艺出版社, 2025. 6. -- ISBN 978-7-5511-6854-0

Ⅰ. G782

中国国家版本馆 CIP 数据核字第 2025NT1689 号

书　　名：最好的教育是赋能

ZUIHAO DE JIAOYU SHI FUNENG

编　　著：杨　海

责任编辑：郝卫国

美术编辑：王爱芹

出版发行：花山文艺出版社（邮政编码：050061）

（河北省石家庄市友谊北大街 330 号）

销售热线：0311-88643299/96/17

传　　真：0311-88643235

印　　刷：三河市腾飞印务有限公司

经　　销：新华书店

开　　本：710 毫米 ×1000 毫米　1/16

印　　张：10

字　　数：140 千字

版　　次：2025 年 6 月第 1 版

2025 年 6 月第 1 次印刷

书　　号：ISBN 978-7-5511-6854-0

定　　价：59.80 元

前言

孩子，是家庭的希望，是社会的未来，他们的成长之路犹如一场充满未知与挑战的奇妙旅程。在这个旅程中，从性格的雏形塑造到家庭环境中的点滴互动，从学业的攀登奋进到情绪的细腻起伏，从品德的坚守涵养到社交的纵横拓展，从创新思维的火花闪现到生活习惯的逐步养成，每一步都至关重要，每一个细节都关乎他们能否成长为全面发展、内心充盈的个体。

本书精心梳理了孩子成长过程中可能遭遇的 46 个关键问题，犹如 46 把钥匙，试图开启孩子成长困境的大门。在性格篇章，我们探讨孩子喜欢攀比、自卑、不合群等表象背后的深层心理根源，探寻如何引导他们建立健康、自信、友善的性格特质；家庭场景中，面对孩子与父母沟通不畅、沉迷游戏、不良消费习惯等棘手难题，我们力求给出切实可行的解决策略，助力营造和谐温暖的家庭氛围；在学业方面，无论是学习目标缺失、偏科厌学，还是课堂注意力不集中，我们将结合教育理论与实践案例，为孩子的学业进步保驾护航；在情绪管理方面，深入剖析孩子自以为是、焦虑冲动等情绪问题，传授调节情绪、培养情商的有效方法；在品德修养上，针对撒谎、不尊重他人、缺乏责任心等行为，探讨品德教育的实施路径；在社交舞台中，聚焦孩子羞涩、冲突、被孤立等社交困境，帮助他们提升社交能力，学会与人相处；在创新思维培养章节，思考如何激发孩子的想象力、克服退缩心理、增强变通能力，以适应未来多变的社会需求；在生活习惯养成部分，关注孩子自理能力差、作息不规律、挑食等问题，引导他们养成健康积极的生活方式。

编写团队凭借深厚的专业知识和丰富的实践经验，深入剖析每个问题的成因，广泛借鉴国内外先进的教育理念和方法，为每一个问题量身定制了详细、实用、易于操作的解决方案。我们始终秉持着尊重孩子个性差异、遵循成长规律的原则，以爱与关怀为基石，以科学引导为手段，力求让每一个孩子都能在成长的道路上绽放光彩。

衷心希望这本书能够成为家长、教育工作者以及所有关心孩子成长人士的良师益友，在面对孩子成长的重重迷雾时，为您点亮一盏明灯，指引前行的方向。让我们携手共进，为孩子们的茁壮成长倾心付出，见证他们一步步走向美好的未来，成为有理想、有道德、有文化、有纪律的新时代栋梁之材，书写属于他们自己的辉煌人生篇章。

目录

第一章 性格

第二章 家庭

第三章 学业

第四章 情绪

第五章 品德

第六章 社交

第七章 创新

第八章 生活

第一章 性格

性格决定命运，而教育塑造性格。真正的好教育不是填鸭式的灌输，而是点燃孩子内心的火焰，赋予他们面对世界的勇气与智慧。在成长过程中，自信、坚忍、责任感等品质远比分数更能让孩子受益终身。本章聚焦于如何通过科学引导和日常实践，帮助孩子培养积极性格，让他们在挫折中学会坚持，在挑战中建立自信，在责任中收获成长。最好的教育，是让孩子成为内心强大、独立自主的人——这才是父母能给予孩子最珍贵的礼物。

小美，我怎么这么笨，考这么差！
别灰心，这只是一次考试，找出不足下次就能进步啦。
怎么这么调皮！
哎呀！开个玩笑啦！
绘画组
音乐组
我喜欢画画，可音乐也好玩，选哪个好呢？
我还是一个人待着吧。
加油！
加油！
加油！

孩子喜欢和别人攀比怎么办?

引导孩子正确看待攀比是极为关键的。若忽视此问题，孩子可能陷入过度追求物质与虚荣的旋涡，因盲目攀比他人的玩具、衣物等而产生无尽的物质欲望，如看到同学有新款游戏机就哭闹着向家长索要。在学习方面，可能因攀比成绩而忽视自身的进步与成长，一旦不如他人就产生严重的挫败感，例如考试分数稍低就一蹶不振。在社交中，过度攀比会导致孩子过于注重表面形象，忽略真诚待人，影响友谊的建立与维系。只有重视引导孩子正确看待攀比，才能使其树立健康的价值观，在成长道路上稳步前行。

班级组织春游，孩子是不是因为看到其他同学带了昂贵的野餐篮和高级零食，就觉得自己的普通餐盒和零食拿不出手，从而不愿意与大家分享？在学校文艺表演选拔时，孩子是不是因其他同学的才艺展示道具华丽，而对自己原本精心准备的简单道具失去信心，表演时也不够自信？孩子在与朋友相处时，是不是常因攀比朋友拥有更多的零花钱可以买各种小饰品，就不断向家长索要钱财，甚至为此与朋友产生矛盾？

儿童心理学分析

孩子喜欢攀比，是因为其正处于自我认知形成阶段，易受外界环境影响，周围同学的物质展示或行为表现易成为其比较与模仿的对象。家庭教养方式不当，家长过度满足孩子物质需求或经常在孩子面前进行物质比较，会强化孩子的攀比心理。同时，孩子缺乏对自身价值的深度理解，不清楚内在品质与能力远比外在物质更重要，从而试图通过攀比来获取他人的认可与关注。

解决办法

对于春游时孩子因餐盒和零食而不愿分享，家长可在事后与孩子交流：“我们准备的食物虽然简单，但都是你爱吃的健康食品，而且分享快乐比食物是否昂贵更重要，你看你分享后大家都很开心，这就是你的善良之处。”在文艺表演选拔后，引导孩子思考：“你表演时的笑容和认真是最棒的，道具只是辅助，那些华丽的道具并不能掩盖你的才华，下次我们可以更专注于自身表演的提升。”当孩子因零花钱与朋友产生矛盾时，和孩子一起探讨：“你和朋友一起玩耍的快乐时光才是最珍贵的，而不是谁买的小饰品多，你可以用自己的创意给朋友制作小礼物，这会更有意义。”

教子有方

其一，培养内在价值感。与孩子一起阅读名人传记或励志故事，如海伦·凯勒的故事，引导孩子关注故事中人物的内在品质与成就，讨论："海伦·凯勒在身体有缺陷的情况下，凭借坚强的意志和智慧取得巨大成就，你觉得她会在乎和别人攀比外在的东西吗？"通过这样的方式让孩子明白内在价值的重要性。

其二，建立合理奖励机制。当孩子在学习、品德等方面有良好表现时，给予奖励，但奖励不是单纯的物质，而是如一次亲子旅行、一本有意义的书籍等，同时告诉孩子："你因为自己的努力和优秀表现获得了这个奖励，这比和别人攀比物质更值得骄傲。"

其三，引导适度竞争。鼓励孩子在学习、体育等方面与同学进行良性竞争，如设定学习进步目标或体育比赛，比赛后强调："你在这次竞争中提升了自己的能力，这才是竞争的意义，而不是看谁的装备更好或者谁得到的奖品更贵。"

其四，开展家庭分享会。定期组织家庭分享会，让孩子分享自己一周内的收获、成长与快乐，家长也分享自己的经历，在分享过程中强化孩子对自身成长与家庭温暖的重视，减少对物质攀比的关注，如孩子总结说"这周我学会了一首新曲子，我很开心，我发现努力后的成果比和别人攀比要有意思得多。"

赋能语录

每一个孩子都是一朵含苞待放的花朵，攀比之风如狂风骤雨，可能会损伤花瓣。而正确的引导便是那坚固的花棚，帮助孩子在风雨中坚守本心，绽放出属于自己的绚丽色彩，走向健康成长的繁花盛景。

孩子有些自卑怎么办？

帮助孩子克服自卑心理至关重要。若忽视此状况，孩子在社交场合可能因害怕犯错而不敢主动交流，错失结交朋友与拓展人际关系的良机，例如在集体活动中总是默默躲在角落。在学习上，自卑会使孩子缺乏自信尝试挑战难题，限制其知识获取与能力提升，如遇到稍有难度的作业就轻易放弃。在自我表达方面，自卑的孩子往往不敢展现真实想法与才能，导致个人魅力与潜力难以被发现，影响未来发展路径。只有重视帮助孩子战胜自卑，才能让他们勇敢地拥抱生活，充分释放自身的无限可能。

学校运动会选拔，孩子其实运动能力不错，但因自卑觉得自己不如其他同学，未报名参加任何项目。在课堂小组讨论中，孩子有独特的见解，可因为自卑害怕被嘲笑，始终不敢发言，致使小组讨论缺乏多元观点，成果不够完善。孩子在面对新的兴趣爱好尝试机会，如绘画课程时，因自卑怀疑自己没有天赋，不敢报名，从而可能错过发掘自身艺术潜能的契机。

儿童心理学分析

孩子产生自卑心理，是由于经常遭受外界的批评与否定，家长或老师过度强调孩子的不足，使其逐渐失去自信。家庭环境不稳定或父母关系紧张，会让孩子缺乏安全感与归属感，内心变得脆弱敏感。同时，孩子在与同伴比较过程中，若总是处于劣势或被孤立，也容易产生自我否定，认为自己处处不如人，进而陷入自卑的泥沼。

解决办法

对于孩子错过运动会选拔，家长可在事后与孩子回顾过往运动经历，如说：“上次学校的跑步比赛，你虽然没拿到第一名，但你的速度和耐力都很棒，比很多同学都强，下次有机会一定要勇敢报名。”在课堂小组讨论后，引导孩子思考：“你当时是不是有很好的想法没说出来呢？其实你的思维很独特，不要害怕被嘲笑，勇敢表达自己，会给小组带来不一样的视角。”当孩子因自卑不敢报名绘画课程时，陪孩子一起分析：“你平时很喜欢涂鸦，对色彩也很敏感，这就是很好的天赋基础，去尝试一下，说不定会发现自己在绘画方面的大才能。”

教子有方

其一，积极肯定与鼓励。每天发现孩子的一个小优点或小进步，如："今天你自己整理了书包，真的很有条理。"及时给予肯定与表扬，让孩子感受到自己的价值与能力。

其二，设定可达成目标。为孩子制定一些难度适中的目标，如背诵一首古诗、完成一幅简单的拼图等，当孩子达成目标后，给予奖励或鼓励，逐步增强孩子的自信心，让他们在成功中积累自信资本。

其三，培养特长与兴趣。根据孩子的喜好，帮助他们培养特长，如书法、音乐等，在特长学习过程中，孩子能获得成就感，从而提升自我认可度，例如孩子在书法比赛中获奖，会极大地增强自信心。

其四，改善家庭氛围。父母要营造和谐稳定的家庭环境，多与孩子进行亲子互动，如一起做游戏、看电影等，让孩子感受到家庭的温暖与支持，内心变得强大。

赋能语录

每一个孩子都是一颗等待发光的星星，自卑如同乌云遮蔽了他们的光芒。而我们的关爱与引导就是那吹散乌云的风，助力孩子重新闪耀，在浩瀚星空中找到属于自己的璀璨位置，照亮他们前行的成长之路。

孩子不合群怎么办？

关注孩子的社交融入情况是十分必要的。若对此忽视，性格孤僻的孩子会在集体生活中逐渐被边缘化。在学校里，他们可能总是独来独往，比如课间休息时，其他同学都在嬉笑玩耍，他们独自坐在角落，看着别人却不参与。在团队活动中，他们很难融入团队氛围，像小组合作完成项目，可能因沟通不畅影响整个团队的进度。长期性格孤僻还可能导致孩子出现心理问题，如抑郁、焦虑等情绪。只有重视孩子的社交融入，才能让他们在充满互动的环境中健康成长。

在学校组织的户外拓展活动中，性格孤僻的孩子总是跟在队伍最后，不主动和别人交流，也不参与大家的讨论和互动环节。在班级生日会上，其他同学都很兴奋地交换礼物、分享蛋糕，这个孩子却默默地坐在一旁，很少主动和身边的同学说话。当小组进行角色扮演活动时，孩子因为不合群，不能很好地理解和配合其他同学的角色设定，导致活动无法顺利开展。

儿童心理学分析

孩子性格孤僻不合群，可能是因为他们性格内向，对新环境和陌生人比较敏感，需要更多时间来适应。家庭环境也可能是一个因素，例如家长平时比较忙，很少有时间陪伴孩子进行社交活动，导致孩子缺乏社交经验。另外，孩子可能在之前的社交场合中遭受过挫折，比如被同学嘲笑或排斥，从而产生心理阴影，不愿意再主动社交。

解决办法

对于在户外拓展活动中不合群的孩子，老师可以在活动过程中特意安排一个友善、热情的同学和他一组，引导他们交流，比如："你们两个一起完成这个任务吧，互相帮助会更有意思。"在班级生日会后，家长可以和孩子聊聊生日会的情况："你有没有注意到生日会上有趣的小礼物呢？你可以和同学们聊聊这些呀。"在角色扮演活动失败后，老师可以鼓励孩子："你其实有自己的想法，下次可以先和同学们说说你的角色构思，大家一起商量会更好。"

教子有方

其一，创造社交机会。家长可以多组织一些家庭聚会，邀请孩子的同学或者朋友来家里做客，让孩子在熟悉的环境中逐渐适应社交。也可以鼓励孩子参加社区的儿童活动，如手工制作、小型运动会等，增加孩子与同龄人接触的机会。

其二，培养社交技能。教孩子一些基本的社交礼仪和沟通技巧，如微笑、打招呼、倾听别人说话等。可以通过角色扮演的方式进行训练，比如模拟在新班级里第一次和同学见面的场景，让孩子练习如何主动介绍自己。

其三，给予积极引导。当孩子在社交中有一点点进步时，家长和老师都要及时给予肯定和鼓励，比如：“你今天主动和同学说了早上好，这真的很棒。”同时，帮助孩子正确看待社交中的挫折，告诉他们：“如果有人不想和你一起玩，不是你的错，也许他们当时有自己的事情呢。”

其四，建立社交自信。发现孩子的兴趣爱好，让他们在自己擅长的领域和别人交流。例如，如果孩子喜欢绘画，家长可以带孩子参加绘画社团，孩子在分享绘画经验和作品时会更容易建立自信，从而更愿意参与社交活动。

赋能语录

每一个孩子都是一颗待发芽的种子，性格孤僻如同坚硬的外壳。帮助孩子打破外壳，让他们在社交的阳光雨露下茁壮成长，是开启他们美好社交生活的金钥匙。

孩子不听话怎么办？

正确引导倔强的孩子是极为重要的。若忽视对他们的引导，孩子可能在很多场合都我行我素。在学校里，比如老师已经讲解了正确的解题方法，可倔强的孩子坚持自己错误的思路，不愿意改变。在家庭生活中，父母让孩子先完成作业再看电视，孩子却置若罔闻，执意先看电视。这种倔强不听劝的行为如果持续下去，会影响孩子与他人的关系，也不利于他们学习新知识和遵守规则。所以，家长和老师要重视引导孩子学会适当听从他人的合理建议。

在和小伙伴一起玩游戏时，大家都商量好按照一种规则玩，可倔强的孩子非要按照自己的规则来，导致游戏无法顺利进行，最后不欢而散。在艺术课上，老师提出了一种创意绘画的方式，孩子却坚持自己原有的绘画想法，不愿意尝试新的方法，结果作品风格单一，错失了提升绘画技能的机会。在外出旅游时，父母建议走一条比较便捷的路线，孩子却不肯听，非要走自己认为有趣的路线，结果迷路了，还一脸不服气。

儿童心理学分析

孩子过于倔强不听劝，一方面是因为他们正处于自我意识强烈的阶段，渴望展现自己的独立性和自主性。另一方面，可能是他们缺乏足够的沟通技巧，不知道如何表达自己的想法和需求，只能通过倔强来坚持自己的立场。同时，家庭环境也可能有影响，如果家长平时比较溺爱孩子或者经常对孩子妥协，孩子就更容易养成倔强不听劝的习惯。

解决办法

对于在游戏中闹矛盾的孩子，事后家长可以和孩子沟通："你有自己的游戏想法是很好的，但是如果大家都按照自己的规则玩，游戏就没办法进行啦。下次你可以先听听小伙伴的规则，要是觉得不合理，再和他们商量一个更好的规则。"在艺术课之后，老师可以对孩子说："你坚持自己的想法说明你很有主见，不过尝试新的绘画方式可以让你学到更多有趣的东西。"在旅游迷路后，父母可以和孩子说："我们知道你想走有趣的路线，但是有时候大人的建议也很重要，特别是关于安全的问题。"

教子有方

其一，建立平等的沟通氛围。家长和孩子交流时，要蹲下来和孩子平视，认真倾听孩子的想法，让孩子感受到自己是被尊重的。例如，在讨论周末活动安排时，让孩子先说出自己的意见，然后再提出自己的建议，共同商量一个双方都满意的方案。

其二，培养换位思考能力。通过讲故事或者角色扮演的方式，让孩子站在别人的角度看问题。比如，讲一个因为不听劝而导致不好结果的故事，然后问孩子："如果你是故事里的人，你会怎么做呢？"帮助孩子理解别人的感受和建议的合理性。

其三，设定明确的规则。在家里和学校都要设定清晰的规则，比如按时完成作业、遵守游戏规则等。当孩子倔强不听劝违反规则时，要让他们承担相应的后果，如减少看电视的时间或者不能参加下一次游戏。这样可以让孩子明白自己的行为是有边界的。

其四，给予适当的选择空间。在一些事情上，给孩子提供两个或三个合理的选择，让孩子有一定的自主权。比如在选择课外读物时，说："你可以选择这本童话故事书，或者那本科普小画册。"这样孩子会觉得自己有决定权，就更容易接受建议。

赋能语录

每一个孩子都是一艘正在起航的小船，倔强如同强风，有时会让小船偏离航道。用耐心和智慧引导孩子，让他们学会正确掌舵，才能使小船在人生的海洋中顺利前行。

孩子缺乏决断力怎么办?

帮助孩子建立决断力是孩子成长过程中不可或缺的关键环节。如果对此疏忽，孩子在面对选择时就会犹豫不决。例如在学校里，选兴趣小组的时候，别的同学很快就能决定自己要加入绘画组还是音乐组，而优柔寡断的孩子可能会在两者之间徘徊许久，甚至到最后因为无法抉择而错过报名时间。在日常生活中，像是买文具，孩子可能会在各种款式的笔记本和笔之间反复比较，浪费大量时间却还是难以决定。这种缺乏决断力的情况会让孩子错失很多机会，也会影响他们的办事效率，所以培养孩子的决断力迫在眉睫。

在班级组织的读书分享活动中，老师让孩子们选择一本自己最喜欢的书来分享。优柔寡断的孩子会把自己读过的几本书翻来覆去地看，始终无法确定哪一本是最想分享的，最后只能匆匆选一本，却因为准备不充分而分享得不够精彩。在和家人一起去餐厅吃饭时，孩子面对菜单上琳琅满目的菜品，一会儿想点这个，一会儿又觉得那个好，等大家都点完了，自己还没拿定主意。在小组合作分配任务时，孩子对每个任务都有些顾虑，不知道自己该承担哪一个，结果让小组的分工进展缓慢。

儿童心理学分析

孩子优柔寡断缺乏决断力，可能是因为他们害怕做出错误的选择，担心会带来不好的后果。他们可能对事物的了解不够深入，缺乏足够的信息来支撑自己做出决定。另外，孩子可能缺乏自信，对自己的判断能力没有信心，总是希望能得到别人的肯定后再做决定。还有，在成长过程中如果家长或老师总是替孩子做决定，孩子就很难养成自己做决定的习惯。

解决办法

对于在读书分享活动中犹豫不决的孩子，家长可以在事后和孩子说："下次你可以先想想每本书的亮点，或者你对哪本书的感受最深刻，这样就能更快地做出选择啦。"在餐厅吃饭时，父母可以鼓励孩子："你可以先看看菜单上有没有你一直想尝试的菜，不用太纠结。如果实在拿不定主意，也可以让服务员推荐一下。"在小组分工后，老师可以对孩子说："你要相信自己的能力，每个任务都是一个挑战，勇敢地选择一个，你会发现自己可以做得很好。"

教子有方

其一，提供决策练习。家长可以和孩子玩一些简单的决策游戏，比如给出两个玩具，让孩子选择自己更喜欢的一个，并说出理由。或者在日常生活中，让孩子决定今天穿什么衣服、周末怎么安排等小事，逐渐锻炼孩子的决策能力。

其二，增加知识储备。当孩子要对某件事情做出决定时，家长或老师要帮助孩子收集相关信息。例如孩子要选择一个兴趣班，就带孩子去了解各个兴趣班的课程内容、教学方式等，让孩子在充分了解的基础上做出选择，增强他们做决定的信心。

其三，鼓励独立思考。在孩子面对选择时，家长和老师不要急于给出意见，而是引导孩子自己思考。比如问孩子：“你觉得这个选择会有什么好处和坏处呢？”让孩子学会分析利弊，从而做出更合理的决定。

其四，做出决策时间限制。为了避免孩子长时间犹豫不决，在一些不太重要的事情上，给孩子设定一个决策时间。比如在超市挑选零食时，告诉孩子“你有五分钟的时间来选择你想要的零食”，这样可以让孩子在压力下学会快速做出决定。

赋能语录

每一个孩子都是一个正在成长的探险家，决断力就像是他们手中的指南针。帮助孩子握紧指南针，学会果断地选择前进的方向，才能让他们在成长的探险之旅中勇往直前，收获更多的宝藏。

孩子调皮捣蛋怎么办?

正确引导调皮捣蛋的孩子是非常重要的。如果对此放任不管，孩子可能会在课堂上扰乱秩序，影响老师教学和其他同学学习，例如频繁讲话、做小动作，让老师无法正常授课，也使周围同学难以集中精力。在公共场合，孩子可能会做出一些不适当的行为，如在商场里追逐打闹、乱摸商品，不仅会对公共设施造成损坏，还可能危及自己和他人的安全。在与小伙伴相处时，过度调皮捣蛋可能会引发冲突和矛盾，导致孩子难以建立良好的人际关系。只有重视对调皮捣蛋行为的引导，才能帮助孩子学会自我约束，更好地适应社会规则。

在学校组织的参观活动中，孩子是不是因为调皮，不遵守参观规则，随意触摸展品，差点损坏珍贵文物？在家庭聚会时，孩子是不是因为过于调皮，不停地跑来跑去，把桌上的东西碰倒，让家人感到烦躁不安？在和小朋友一起做游戏时，孩子是不是因为调皮捣蛋，不遵守游戏规则，总是捣乱，让其他小朋友不愿意和他一起玩？

儿童心理学分析

孩子调皮捣蛋，部分原因是他们精力充沛，好奇心旺盛，需要通过各种行为来探索世界。他们还没有完全建立起规则意识，不理解某些行为的后果。同时，孩子可能是为了引起他人的注意，尤其是当他们觉得自己被忽视时，就会通过调皮捣蛋的行为来获取关注。

解决办法

对于孩子在参观活动中差点损坏展品的情况，家长可以在事后和孩子说："你对展品好奇是很好的，但是这些展品很珍贵，我们要遵守参观的规则，不然它们可能会被损坏。如果想了解展品，可以问讲解员。"在家庭聚会后，引导孩子思考："你跑来跑去的时候，有没有注意到把东西碰倒了？这样会让大家不开心，也很危险。下次我们可以安静地和大家一起玩。"当孩子在游戏中捣乱后，和孩子一起讨论："游戏是有规则的，如果你不遵守，其他小朋友就没办法好好玩了。你想想，如果你是他们，别人捣乱你会开心吗？"

教子有方

其一，建立明确的规则。和孩子一起制定简单易懂的家庭规则，比如“在家里不能大声喧哗”“在别人说话的时候不能打断”，并把规则写下来，贴在显眼的地方。当孩子违反规则时，温和地提醒他们。

其二，引导合理释放精力。为孩子提供足够的运动和活动机会，例如每天安排一段时间让孩子在户外奔跑、踢球或者参加一些体育活动。也可以让孩子参加一些兴趣班，像手工制作、绘画等，让他们的精力在有益的活动中得到释放。

其三，给予正面关注。当孩子表现良好时，及时给予表扬和奖励。比如说，“你今天在超市里很安静，这是很好的行为，我们可以买一个你喜欢的小零食作为奖励。”让孩子知道，他们通过良好的行为可以获得关注和奖励。

其四，培养责任感。给孩子安排一些小任务，如帮忙收拾玩具、浇花等，让孩子在完成任务的过程中，明白自己的行为会产生后果，从而增强责任感，减少调皮捣蛋的行为。

赋能语录

每一个孩子都是一颗活泼的小太阳，调皮捣蛋是他们光芒过盛时的小小阴影。我们要用耐心和智慧，如同云朵调节阳光一样，引导他们的活力，让他们在规则的轨道上尽情闪耀，为成长之路洒满明亮而温暖的光。

第二章 家庭

家庭是孩子成长的第一个课堂，也是塑造品格的摇篮。本章聚焦亲子互动中的典型挑战：从沟通障碍到财务观念，从责任培养到边界建立。当孩子紧闭心门、逃避家务、挥霍零花钱时；当游戏成瘾、顶嘴反抗甚至偷拿钱的行为出现时……这些不仅是教育难题，更是改善家庭关系的契机。我们将通过具体场景分析，提供既有心理学依据又便于操作的解决方法，帮助家长把冲突转化为建立信任、培养自主性的珍贵时刻。每个问题背后，都藏着孩子未被理解的诉求和待开发的能力。

这肉太香啦，宝贝，你也多吃点儿，快快长大。
爸爸，你像个大馋猫！
这题怎么又做错啦？
妈妈，题太难，它欺负我。
爸爸，今天讲啥故事呀？
宝贝，今天讲勇敢的小骑士的故事吧。
周末我们去公园玩吧！
好啊，听咱家小宝贝的！

孩子不想和父母沟通怎么办？

修复亲子间的交流隔阂是亲子关系健康发展的关键。如果对此忽视，亲子间的距离会越来越远。在家庭生活中，父母可能会发现孩子不再愿意和自己分享学校里的事情，例如以前孩子会兴高采烈地讲同学间的趣事，现在却总是沉默寡言。在面对一些重要的决定时，孩子也不再和父母商量，而是自己默默做决定。这种交流隔阂不仅会让父母感到失落，也会使孩子在成长过程中缺少必要的家庭支持。

在孩子有了新的兴趣爱好，比如喜欢上了一种新的动漫或者游戏时，父母因为不了解而表现出不理解或者轻视的态度，导致孩子不愿意和父母交流这个爱好。在孩子遇到学习上的挫折时，本来希望得到父母的安慰，但是父母却只关注成绩，开始责备孩子，使得孩子以后遇到问题都不想和父母说。在家庭讨论关于孩子未来规划的问题时，父母总是强行把自己的想法灌输给孩子，而不听取孩子的意见，孩子因此对这种交流产生抵触情绪。

儿童心理学分析

亲子交流存在隔阂，一方面是因为孩子和父母所处的时代不同，价值观和兴趣爱好存在差异，孩子觉得父母无法理解自己。另一方面，沟通方式不当也是一个重要因素。父母可能习惯以命令式或者说教式的方式和孩子交流，让孩子产生反感。此外，随着孩子年龄的增长，他们的自我意识逐渐增强，渴望独立和被尊重，而父母如果没有及时调整沟通策略，就容易产生隔阂。

解决办法

当父母不理解孩子的新爱好时，过后可以和孩子说：“宝贝，我想了解一下你喜欢的这个动漫（游戏），你能给我讲讲它有什么有趣的地方吗？”在孩子学习受挫后，父母可以安慰说：“我知道你这次没考好心里很难过，我们先不看成绩，你跟我讲讲是哪里遇到困难了好吗？”在家庭讨论未来规划时，父母可以说：“我们先听听你的想法，你对自己的未来有什么期望呢？我们一起商量。”

教子有方

其一，主动了解孩子的世界。父母要花时间去熟悉孩子感兴趣的事物，比如孩子喜欢的音乐、电影、游戏等。可以和孩子一起体验这些爱好，增加共同话题，让孩子感受到父母是在尝试理解自己。

其二，改变沟通方式。父母要尽量避免命令式和说教式的沟通，采用平等、尊重的方式。和孩子交流时，要认真倾听孩子的想法，不要中途打断，要给予积极的反馈，比如点头、微笑，表示理解孩子的观点。

其三，创造沟通机会。安排一些专门的亲子沟通时间，比如每周一次的家庭会议或者睡前聊天。在这个时间里，大家可以分享一周的喜怒哀乐，也可以讨论一些有趣的话题或者家庭事务。

其四，理解孩子的情绪。当孩子有情绪波动时，父母要先接纳孩子的情绪，比如孩子生气或者难过时，先安慰孩子，等孩子情绪稳定后再进行沟通，这样能让孩子更容易接受父母的意见。

赋能语录

每一个孩子都是一颗独特的星星，亲子交流如同连接星星和父母的绳索。修复交流的隔阂，拉紧这根绳索，才能让父母和孩子在彼此的星空中相互照耀，共享温暖。

孩子不爱做家务怎么办？

培养孩子做家务的习惯是十分重要的。若忽视这一点，孩子可能会逐渐养成依赖他人的习惯，在生活自理方面能力欠缺。例如，孩子可能连自己的房间都不会整理，衣物、玩具随意堆放，导致生活环境混乱。从长远来看，缺乏家务劳动的锻炼，孩子在独立生活时会面临诸多困难，如不知道如何清洗衣物、烹饪简单食物等。而且，做家务也是培养孩子责任感和家庭意识的重要途径，不爱做家务的孩子可能对家庭事务缺乏关心，难以体会父母的辛苦。

在饭后，孩子是不是总是直接离开餐桌，从不帮忙收拾碗筷，哪怕只是把自己的碗筷拿到厨房？当家里需要进行大扫除时，孩子是不是找各种借口推脱，比如假装在做作业或者身体不舒服，而不愿意参与其中？在洗衣服的时候，孩子是不是把自己的脏衣服直接扔给父母，从不会主动学习如何清洗自己的衣物？

儿童心理学分析

孩子不爱做家务，可能是因为他们觉得做家务是枯燥、无趣的事情。在他们的观念里，玩耍和休闲远比做家务更有吸引力。同时，家长在过去可能没有给孩子提供合适的做家务的引导，或者总是代替孩子完成家务，导致孩子没有养成做家务的习惯。另外，孩子可能没有意识到做家务的重要性，不明白自己作为家庭的一员，也有责任和义务为家庭事务作出贡献。

解决办法

对于孩子饭后不帮忙收拾碗筷的情况，家长可以在下次饭后和孩子说：“宝贝，我们是一个家庭，每个人都要为家庭作出贡献。你看，爸爸妈妈做饭很辛苦，你帮忙把自己的碗筷拿到厨房，就是帮了我们的大忙呢。”当孩子在大扫除时找借口推脱，家长可以在大扫除结束后和孩子沟通：“今天大扫除大家都很辛苦，你没有参与，下次我们可以一起打扫，你会发现其实打扫也可以很有趣，而且我们的家会因为你的付出变得更整洁。”当孩子从不主动清洗自己的衣物时，家长可以找个合适的时间教孩子如何洗衣服：“宝贝，你已经长大了，要学会自己洗衣服了。我们来一起学习怎么洗，这样你就可以把自己的衣服洗得干干净净啦。”

教子有方

其一，让家务变得有趣。把家务变成一种游戏或者竞赛，例如和孩子比赛谁叠衣服叠得又快又好，或者把打扫房间想象成一场“清洁小怪兽”的战斗，让孩子在充满乐趣的氛围中完成家务。

其二，给予适当的奖励。当孩子完成一定的家务任务后，给予他们一些小奖励，如奖励贴纸、小玩具或者允许他们多看一会儿动画片。这样可以激励孩子更积极地参与家务劳动。

其三，从简单的家务开始。根据孩子的年龄和能力，安排适合他们的简单家务，如让年幼的孩子帮忙摆放餐具，年龄稍大一点儿的孩子可以帮忙扫地等。让孩子在容易完成的家务中获得成就感，从而逐渐培养他们做家务的习惯。

其四，以身作则。家长自己要养成做家务的习惯，让孩子看到做家务是家庭生活中正常的一部分。例如，家长可以在周末的时候，全家一起打扫卫生，让孩子感受到做家务是一种家庭活动，而不是一种负担。

赋能语录

每一个孩子都是家庭的小天使，家务就像是他们成长的小阶梯。引导他们踏上这个阶梯，让他们在劳动中学会责任与担当，用双手为家庭增添温馨的色彩，开启充满爱与付出的家庭生活之门。

孩子花钱大手大脚怎么办?

引导孩子合理消费是非常关键的。如果孩子花钱大手大脚的情况不加以纠正，可能会养成浪费的习惯。在日常生活中，孩子可能会频繁购买一些不必要的玩具、零食，而不考虑其实际价值。从长远来看，这种消费习惯会影响孩子的理财观念，使其难以对金钱有正确的认知和规划。例如，孩子可能在长大后也无法控制自己的开支，导致入不敷出。而且，过度消费还可能让孩子不懂得珍惜物品，认为东西可以轻易获取，从而对物品缺乏敬畏之心。

在学校门口的小卖部，孩子是不是每天都要花很多钱买各种小零食和小玩具，甚至有些东西买了之后就扔在一边？在和家人一起逛街时，孩子是不是看到喜欢的东西就要求立刻购买，不考虑价格和实用性，也不顾及家庭的消费预算？在收到零花钱或者压岁钱后，孩子是不是很快就把钱花光，没有任何储蓄的意识？

儿童心理学分析

孩子花钱大手大脚，主要是因为他们还没有建立起正确的金钱观念。他们不了解金钱的来之不易，对商品的价格和价值缺乏清晰的认识。同时，家庭环境也可能对孩子产生影响，如果父母在消费时比较随意，或者总是无条件满足孩子的物质需求，孩子就容易养成这种不良的消费习惯。另外，现在的市场环境中，各种商品的广告和促销手段对孩子的吸引力很大，孩子很容易受到诱惑。

解决办法

对于孩子在小卖部乱花钱的情况，家长可以和孩子沟通：“宝贝，你每天在小卖部花的钱太多了。你要知道，这些钱是爸爸妈妈辛苦工作赚来的。你可以想一想，这些小零食和玩具是不是真的有必要买呢？”在逛街时孩子乱要东西，家长可以在回家后和孩子说：“我们今天逛街的时候，你看到什么都想要，这是不对的。我们要考虑这个东西我们是否真的需要，还有价格是不是合理。以后买东西之前，你要先问问自己这两个问题。”当孩子把零花钱或压岁钱很快花光时，家长可以和孩子一起制定一个储蓄计划：“你看，你的钱这么快就花光了，以后我们要学会储蓄。我们可以把一部分钱存起来，留着以后买更重要的东西。”

教子有方

其一，进行金钱观教育。和孩子一起讨论金钱的来源，比如通过简单的方式向孩子解释父母是如何工作赚钱的。可以带孩子去父母的工作场所（如果允许的话），让孩子直观地感受赚钱的辛苦。同时，给孩子讲解商品的价格和价值，让孩子明白不同的东西有不同的价值，不能只看外表。

其二，给予合理零花钱。根据孩子的年龄和家庭实际情况，给孩子一个合适的零花钱数额。并且和孩子约定好零花钱的使用规则，如零花钱是用于购买小零食、小文具等，不能用于购买昂贵的玩具。如果孩子提前花光了零花钱，不能再额外给，让孩子学会自我约束。

其三，培养储蓄意识。给孩子准备一个储蓄罐或者开设一个儿童储蓄账户，当孩子有零花钱或者压岁钱时，鼓励孩子把一部分钱存起来。可以和孩子设定一个储蓄目标，比如存够一定数额的钱就可以买孩子一直想要的稍微贵一点儿的东西。

其四，进行消费模拟。和孩子玩一些消费模拟游戏，比如设置一个购物场景，给孩子一定数额的“虚拟货币”，让孩子在模拟购物中学会比较价格、考虑实用性等消费技巧，从而让孩子在实际消费中能够更加理性。

赋能语录

每一个孩子都是一块需要雕琢的璞玉，理财观念便是那精细的刻刀。引导孩子合理消费，就是用这把刻刀在他们的心灵深处刻画出珍惜财富、理性消费的美丽图案，为他们未来的经济生活打下坚实的基础。

孩子沉迷游戏怎么办？

帮助孩子摆脱游戏沉迷是极为重要的。若对此情况听之任之，孩子可能会在虚拟世界中花费大量时间，进而影响其正常的生活节奏。在学习方面，孩子可能会因为沉迷游戏而无心学习、成绩下滑，例如为了玩游戏而拖延作业，甚至逃课去网吧。在身体上，长时间久坐玩游戏会导致孩子视力下降、缺乏运动，身体素质变差。从社交角度看，过度沉迷游戏会使孩子忽视现实中的人际关系，难以和家人、朋友进行深入的情感交流，变得越来越孤僻。

在假期里，孩子是不是整天都在玩手机游戏或者电脑游戏，连和家人一起出门旅游或者走亲访友的计划都不感兴趣？在晚上睡觉时间，孩子是不是经常偷偷玩手机游戏，导致睡眠不足，第二天精神萎靡？在学习时间，孩子是不是会偷偷打开游戏，心思完全不在学习内容上，作业完成质量也很差？

儿童心理学分析

孩子沉迷游戏，一方面是因为游戏本身具有很强的吸引力，它能提供即时的成就感和满足感，比如游戏中的升级、获奖等机制。另一方面，孩子可能在现实生活中感到压力、无聊或者缺乏关爱，而游戏世界可以让他们暂时逃避这些负面情绪。此外，孩子的自控能力还比较弱，难以抵御游戏的诱惑。

解决办法

对于孩子假期整天玩游戏的情况，家长可以和孩子商量：“我们可以制订一个假期计划，每天安排一定的时间玩游戏，但是也要有时间和家人一起出去玩或者学习新的东西。”当孩子晚上偷偷玩游戏影响睡眠时，家长可以在发现后和孩子沟通：“你晚上玩游戏会影响睡眠，这样对你的身体和学习都不好。我们可以把手机放在客厅充电，这样你就不会受到诱惑了。”当孩子在学习时间玩游戏时，家长可以在事后和孩子说：“你在学习的时候玩游戏，这样学习肯定会受到影响。我们可以规定在完成作业之后，才能有一定时间玩游戏。”

教子有方

其一，设定合理的游戏时间。和孩子一起商量并制定一个明确的游戏时间表，比如每天可以玩 1 ～ 2 小时游戏，并且严格执行。可以使用定时器等工具来提醒孩子游戏时间结束，帮助孩子建立时间观念。

其二，寻找替代活动。鼓励孩子参加各种有益的活动来替代游戏，如户外运动（跑步、打篮球等）、兴趣爱好培养（绘画、音乐等）、阅读书籍等。这些活动不仅可以丰富孩子的生活，还能让孩子在其他方面获得成就感。

其三，加强亲子沟通。多和孩子交流，了解他们在游戏中的体验和感受，同时也让孩子知道父母对他们的关心。例如，和孩子讨论游戏中的有趣情节，但也要引导孩子认识到游戏不是生活的全部。

其四，培养自我管理能力。引导孩子学会自我管理，比如让孩子自己记录每天玩游戏的时间、学习的时间等，并且定期回顾，让孩子看到自己的时间分配情况，从而自己意识到需要调整。

赋能语录

每一个孩子都是一艘正在航行的小船，游戏沉迷就像是暗礁。我们要用耐心和智慧为他们点亮灯塔，引导他们避开暗礁，在生活的海洋中找到平衡，驶向健康成长和全面发展的彼岸。

孩子总是和大人顶嘴怎么办？

正确处理孩子顶嘴的情况是非常重要的。如果对孩子的顶嘴行为不加引导，可能会导致家庭关系紧张。在日常交流中，频繁的顶嘴会破坏和谐的家庭氛围，使得沟通变得困难，例如，原本轻松的对话可能因为孩子顶嘴而演变成激烈的争吵。从孩子成长的角度看，长期顶嘴可能反映出孩子对权威的不尊重，这对他们今后在学校和社会中的人际关系发展也会产生不良影响。而且，这也可能掩盖孩子内心真正的需求和想法，因为顶嘴使得双方情绪都很激动，难以进行有效的沟通来了解孩子的真实想法。

在讨论学习计划时，孩子是不是经常反驳大人的建议，比如：大人要求孩子每天复习功课，孩子却顶嘴说复习很无聊，不想做？在规定作息时间时，孩子是不是会和大人顶嘴，坚持自己的时间安排，像晚上该睡觉了，孩子却争辩说自己还不困，不想睡觉？在面对批评时，孩子是不是会顶嘴，不承认自己的错误，而是找各种理由为自己辩解？

儿童心理学分析

孩子顶嘴主要是因为他们开始有了自己的独立意识。随着年龄的增长，孩子对事物有了自己的看法和想法，他们希望能够表达自己的观点并且得到尊重。另外，孩子可能觉得大人没有理解自己的感受，或者大人的要求不合理，从而产生反抗情绪。还有一种情况是，孩子可能是在模仿周围人的行为，比如在学校看到同学和老师顶嘴，自己也会跟着学。

解决办法

对于孩子在讨论学习计划时顶嘴的情况，家长可以在双方情绪稳定后和孩子说：“你觉得复习很无聊，那我们可以一起想想有没有更有趣的复习方法呢？但是复习功课是很重要的，我们可以商量一个你能接受的计划。”在规定作息时间孩子顶嘴时，家长可以说：“你现在可能不困，但是晚睡对身体不好。我们可以调整一下睡觉的时间，但是你需要保证足够的睡眠时间。”当孩子面对批评顶嘴时，家长可以在冷静后和孩子沟通：“我们来分析一下刚才的事情，你可能有你的理由，但是我们也要看看自己有没有做错的地方。”

教子有方

其一，营造民主的沟通氛围。在家庭中，家长要让孩子感受到自己的意见是被尊重的。在讨论事情时，鼓励孩子表达自己的想法，比如可以说："我们来听听你的意见，你对这件事情是怎么看的呢？"并且认真倾听孩子的回答。

其二，教导孩子正确表达。当孩子顶嘴时，要教导孩子用更合适的方式来表达自己的想法，比如可以说："如果你有不同的意见，可以先深呼吸，然后心平气和地和我们说。"并且给孩子示范正确的表达方式。

其三，理解孩子的情绪。当孩子顶嘴时，要理解他们的情绪，比如孩子可能因为被批评而感到委屈或者生气，家长可以说："我知道你现在可能很生气，但是我们先冷静一下，好吗？"然后再进行沟通。

其四，建立明确的规则。在家庭中建立一些明确的规则，并且和孩子一起遵守。比如，在沟通时不能使用不礼貌的语言，不能打断别人说话等。当孩子违反规则时，要及时提醒他们。

赋能语录

每一个孩子都是一颗正在成长的幼苗，顶嘴就像是生长过程中的旁枝。我们要用理解和引导这把园艺剪刀，修剪掉这些旁枝，让幼苗朝着健康、向上的方向茁壮成长，绽放出尊重与沟通的花朵。

孩子偷拿家里的钱怎么办？

妥善处理孩子偷拿家里钱的行为至关重要。如果这种行为得不到正确引导，孩子可能会逐渐养成不良的道德观念。在日常生活中，孩子可能会频繁偷钱，用于购买一些不必要的东西，如过多的零食、玩具等。从长远来看，这种行为若持续发展，会让孩子在错误的道路上越走越远，甚至可能发展为盗窃等违法行为。而且，这也会破坏家庭信任关系，父母可能会因此对孩子产生怀疑和担忧，孩子也会在被发现后产生内疚、恐惧等负面情绪。

孩子是不是会经常从家里的钱包或者存钱罐里偷拿一些钱，用来在学校门口的小卖部买小零食或者小玩具？当被问起钱的来源时，孩子是不是会编造谎言来掩饰自己偷拿的行为？在发现家里少了钱后，孩子是不是会表现得很紧张，试图躲避家人关于钱的话题？

儿童心理学分析

孩子偷拿家里的钱，部分原因是他们对金钱的概念还比较模糊，不理解这种行为的严重性。他们可能只是单纯地想要满足自己的物质欲望，比如看到喜欢的东西就想拥有。同时，孩子可能缺乏正确的获取金钱的渠道意识，不知道通过合理的方式（如做家务赚取零花钱）来得到自己想要的东西。另外，孩子可能受到周围环境或同伴的影响，看到别的小朋友有很多零花钱可以买东西，自己也想这样做。

解决办法

对于孩子经常偷拿家里钱买小零食和玩具的情况，家长可以在发现后和孩子沟通：“宝贝，你拿家里的钱去买东西是不对的。如果你想要零花钱，可以和我们说，我们可以商量一个合理的方式，比如你帮我们做一些家务来赚取零花钱。”当孩子编造谎言掩饰时，家长可以在识破谎言后和孩子说：“你说谎是不好的，我们希望你能诚实地告诉我们，你拿了钱是去做什么了。”当发现孩子在讨论钱的话题时很紧张，家长可以在安抚孩子情绪后说：“我们知道你可能有些害怕，但是我们现在要把这个问题解决。你要知道，偷拿家里的钱是不对的，以后不能再这样做了。”

教子有方

其一，金钱教育。通过工资单、家务体验等方式，让孩子理解劳动创造价值的道理。教会孩子区分必要消费（如文具）和非必要消费（如玩具），建立理性消费意识。

其二，零花钱制度。按年龄设定零花钱合理额度，规定使用范围（如文具、零食）。教孩子制订储蓄计划，用记账本记录收支，培养理财能力。

其三，培养诚实品质。当孩子承认偷拿了家里的钱，要及时给予肯定，表扬孩子的诚实。可以说："你能承认自己的错误，这是很好的，我们很欣赏你的诚实。"然后再和孩子讨论这种行为的错误之处以及如何改正。

其四，关注孩子的需求。了解孩子偷拿钱想要购买的东西，看看是不是孩子合理的需求。如果是合理的需求，如买学习用品，可以考虑满足孩子；如果是不合理的需求，如买过多的零食或玩具，要和孩子解释为什么不能满足。

赋能语录

每一个孩子都是一张洁白的画卷，偷拿家里钱的行为就像是画卷上的一个污点。我们要用耐心和正确的引导当作橡皮擦，轻轻擦去这个污点，重新在画卷上描绘出诚实、自律的美好图景。

第三章 学业

孩子学习缺乏目标时，就像在茫茫大海中失去航向的船只，将不知何去何从。而面对难题轻易放弃，这可能使他们错失突破自我、提升能力的宝贵机会。有些孩子整日埋头苦学却成绩不佳，陷入迷茫与困惑；厌学情绪的滋生，则如同在学习道路上筑起一道高墙，阻碍着前进的步伐；偏科严重会打破知识体系的平衡，影响整体学业的提升；上课不认真听讲，更是会错过知识精华的汲取。

本章，我们将深入剖析这些问题背后的成因，结合教育心理学的前沿理论和大量生动鲜活的实践案例，从激发内在动力、培养学习方法、调整学习心态等多个维度出发，为帮助孩子攻克学业难关、踏上高效学习的正轨而不懈努力。

学习到底为了什么？
太难了，不做了！
为什么我这么努力，
成绩还是不好？
我不想上学了……

孩子学习缺乏目标怎么办？

激发孩子的学习动力、帮助他们树立学习目标是孩子学业进步和个人成长的关键因素。若忽视这一点，孩子在学习过程中就容易迷失方向。在学校里，这样的孩子可能会对学习任务敷衍了事，比如：在课堂上无精打采，老师提问时也只是茫然地看着黑板；做作业时，总是拖拖拉拉，没有积极性。长此以往，不仅学习成绩会受到影响，孩子也会在学习中找不到成就感，陷入恶性循环。

孩子学习缺乏目标时，往往对所有学科都提不起兴趣，没有明确的学习方向。他们不会主动探索未来的可能性，也不愿为梦想付出努力。在长期的学习过程中，孩子不会自己制订学习计划，只是被动地完成老师和家长安排的任务，一旦没有监督，就会偷懒。

儿童心理学分析

孩子学习缺乏动力和目标，可能是因为他们没有真正发现学习的乐趣和意义。在学习过程中，可能遇到了较多的挫折，比如考试失利、被老师批评，从而产生了厌学情绪。同时，孩子可能没有看到学习与自己未来生活的联系，缺乏长远的眼光。另外，家庭和学校的教育方式如果过于枯燥或者压力过大，也会让孩子失去学习的动力。

解决办法

当孩子对作业敷衍时，父母可以说："宝贝，你现在学的知识以后会有大用处的。就像盖房子，这些知识是一块一块的小砖头，积累多了就能盖出漂亮的大房子啦。"对于孩子对学科都不感兴趣的情况，老师可以引导："你可以试着从每个学科里找一个你觉得有意思的点，比如数学的有趣谜题，或者语文的精彩故事。"在升学阶段，父母可以和孩子一起了解目标学校："我们来看看这所学校有什么好玩的社团和厉害的老师，你要是想进去，现在就得努力啦。"

教子有方

其一，发现兴趣点。家长和老师要帮助孩子发现学习中的兴趣点，根据孩子的爱好来引导。例如，如果孩子喜欢动物，就可以通过动物科普书籍来激发他们对生物学科的兴趣。

其二，树立榜样。给孩子讲述一些名人或者身边人的学习故事，让他们看到别人是如何通过努力学习实现目标的。同时，家长自己也要展现出积极学习的态度，比如家长在业余时间读书学习，给孩子做榜样。

其三，体验成功。为孩子设置一些难度适中的学习任务，当他们完成时，给予肯定和奖励，让孩子体验到成功的喜悦，从而增强学习动力。比如完成一个小的研究报告后，带孩子去他们喜欢的地方玩。

其四，规划未来。和孩子一起讨论未来的职业和生活，让他们明白学习是实现理想的重要途径。例如，孩子想成为一名画家，就引导他们明白学好美术知识、文化课程的重要性。

赋能语录

每一个孩子都是一艘待启航的帆船，学习动力和目标就是帆船上的帆。用巧妙的引导和激励为孩子扬起这面帆，让帆船在知识的海洋中乘风破浪，驶向成功的彼岸。

孩子遇到难题就轻易放弃怎么办？

培养孩子面对难题时的坚强意志至关重要。如果孩子总是轻易放弃，会在学习和生活中错失许多成长的机会。在学习上，遇到复杂的数学问题或者繁杂的阅读理解，孩子可能刚看一眼就觉得难，直接放弃思考，这会导致他们的知识体系存在漏洞。在生活中，比如搭建复杂的积木模型或者学习新的运动技能，遇到一点困难就放弃，孩子很难掌握新的技能和本领。

在手工制作课上，孩子尝试几次都无法完成一个精美的手工艺品，就不想继续努力，甚至开始破坏材料。在学习乐器时，遇到一段很难的乐谱，练习几次后就放弃，还找借口说自己没有音乐天赋。在参与科技小制作活动中，遇到电路连接或者程序编写的难题，尝试一下就放弃尝试新的方法，直接认定自己做不好。

儿童心理学分析

孩子遇到难题就轻易放弃，一是因为他们缺乏对挫折的承受能力。在成长过程中可能没有经历过足够的挫折教育，一旦遇到困难，心理上就会产生逃避的想法。二是孩子可能对自己的能力缺乏信心，不相信自己能够解决难题，所以在遇到困难时，第一反应就是放弃。另外，周围的环境如果总是强调结果而忽视过程中的努力，也会让孩子更容易放弃。

解决办法

在孩子放弃数学题后，父母可以说："宝贝，这题是有点儿难，不过你还没认真思考呢。你可以先把已知条件列出来，一步一步来，我相信你能找到思路的。"在手工制作课失败后，老师可以鼓励："你刚才已经有了一些不错的尝试，只是还没找到正确的方法。不要放弃，换个角度想想，也许就能成功啦。"在乐器学习遇到困难时，家长可以引导："一段乐谱很难并不代表你没有音乐天赋，每一个音乐家都是通过不断练习克服困难的，你也可以。"

教子有方

其一，挫折教育。在日常生活中，有意给孩子安排一些有挑战性的任务，让他们在挫折中学会坚持。比如让孩子参加徒步旅行，途中会遇到体力不支等困难，鼓励他们坚持完成。

其二，鼓励式教育。当孩子面对难题时，多给予鼓励和肯定。比如孩子尝试解决难题时，哪怕只是有一个小思路，也要表扬他们积极思考的态度。

其三，分解难题。教导孩子把大难题分解成小问题，一个一个解决。比如在做科学实验遇到困难时，引导孩子把实验步骤分开，先解决一个个分步骤的问题。

其四，培养成长型思维。让孩子明白能力是可以通过努力提升的，而不是固定不变的。比如通过讲故事或者实际案例，告诉孩子别人是如何通过努力克服困难、提升自己的。

赋能语录

每一个孩子都是一颗正在经受磨砺的宝石，难题如同打磨的砂纸。教会孩子勇敢面对砂纸的磨砺，才能让宝石在挫折中绽放璀璨的光芒，成为美丽的珍宝。

孩子整天学习但成绩不佳怎么办？

帮助孩子提高学习成绩是至关重要的。如果孩子一直努力学习但成绩不理想，可能会产生挫败感。在学校里，他们可能看着别人轻松取得好成绩，而自己即使花费大量时间学习，在考试中还是不尽如人意。比如每天认真完成作业、熬夜复习，可成绩依旧没有明显的进步，长此以往，孩子可能会对学习失去信心。

在学习方法上，孩子可能只是盲目地死记硬背，没有掌握正确的学习技巧。例如背诵课文时，只是机械地重复，没有理解内容的含义，所以在考试中不能灵活运用知识。在时间管理方面，孩子虽然花了很多时间学习，但可能没有合理安排，导致学习效率低下。在学习不同科目时，没有根据难易程度和重要性分配时间。在课堂学习中，孩子也许没有完全理解老师讲解的重点知识，课后又没有及时提问，使得知识漏洞越来越多。

儿童心理学分析

孩子成天学习但成绩不佳，可能是因为他们还没有找到适合自己的学习方法。每个孩子的学习风格不同，有的是视觉型，有的是听觉型，有的是动觉型，孩子如果没有按照自己的学习风格来学习，效果就会大打折扣。同时，孩子可能存在学习焦虑，过度紧张会影响他们的学习状态和记忆力。另外，孩子可能没有得到足够的反馈和指导，不知道自己的问题出在哪里，只能盲目地学习。

解决办法

当孩子因为成绩不好而沮丧时，家长可以说：“宝贝，你努力学习的态度很值得表扬。我们来看看是不是学习方法有问题呢？比如你可以试着先理解课文的意思再背诵。”对于学习方法不当的情况，老师可以引导：“你在背诵的时候可以结合一些例子或者故事，这样会更容易记住。而且在学习不同科目时，要找到适合这个科目的方法。”在时间管理方面，家长可以建议：“你可以制作一个学习时间表，把重要的科目和难的科目多安排一些时间。”

教子有方

其一，学习方法指导。帮助孩子找到适合自己的学习方法。如果孩子是视觉型学习者，可以多提供一些图表、图像等学习资料；如果是听觉型，可以让孩子多听讲解音频。同时，教孩子学会预习、复习、总结归纳等学习技巧。

其二，时间管理训练。和孩子一起制定合理的学习计划，根据课程表和作业量，把学习时间分成小块，安排好预习、复习、做习题等不同的学习任务。同时，要注意劳逸结合，保证孩子有足够的休息时间。

其三，心理疏导。关注孩子的学习情绪，当孩子出现焦虑情绪时，帮助他们缓解。比如通过运动、听音乐等方式让孩子放松，并且鼓励孩子相信自己的能力，不要过分在意成绩。

其四，针对性辅导。找出孩子学习中的薄弱环节，有针对性地进行辅导。可以是家长自己辅导，也可以请家教或者参加课外辅导班，帮助孩子弥补知识漏洞。

赋能语录

每一个孩子都是一朵待绽放的花朵，成绩只是花瓣上的露珠。用正确的方法和耐心的引导为孩子驱散学习的阴霾，让花朵在知识的阳光下尽情绽放，才能让露珠折射出成功的光彩。

孩子产生厌学情绪怎么办？

扭转孩子的厌学情绪是孩子学习之路的关键转折点。若任由厌学情绪蔓延，孩子的学习生活将会受到极大的负面影响。在学校里，孩子可能会对上课产生抵触心理，比如一听到上课铃声就皱眉头，无精打采地走进教室。对于作业，也是能拖则拖，甚至直接不做，完全丧失了对学习的积极性。这种状态不仅会导致学习成绩下滑，还会影响孩子的心理健康和未来发展。

在学习过程中，孩子可能觉得学习内容枯燥无味，像反复背诵课文或者做大量的习题。在学习环境方面，可能与同学相处不愉快，如被同学欺负或者被孤立，导致对学校产生厌恶，进而讨厌学习。在学习压力上，过多的考试、作业以及父母和老师的高期望值，让孩子感到不堪重负，从而产生厌学情绪。

儿童心理学分析

孩子产生厌学情绪，一是因为学习本身没有给他们带来足够的成就感。如果孩子在学习中总是失败或者得不到认可，就容易失去兴趣。二是学习环境的负面因素对他们产生了较大的影响，孩子的情绪很容易受到周围同学和环境的干扰。三是学习压力超出了孩子所能承受的范围，他们没有学会有效的压力应对策略，所以只能通过逃避学习来缓解压力。

解决办法

当孩子不肯上学时，父母可以温柔地说："宝贝，我知道你现在不喜欢学习，你能和我说说为什么吗？如果是因为学习太枯燥，我们可以想想有趣的学习方法。"如果孩子是因为和同学的关系不好而厌学，老师可以帮忙调解："我会和其他同学沟通，让他们不再欺负你，而且你要知道，不能因为别人的错误就放弃学习。"在面对学习压力时，家长可以引导："我们可以把学习任务分成小部分，一点一点完成，而且成绩不是最重要的，你只要尽力就好。"

教子有方

其一，趣味学习引导。把学习内容变得有趣味性，例如通过游戏的方式学习数学，像利用数学卡片玩猜数字大小的游戏，或者用角色扮演来学习语文课文，让孩子更有兴趣参与学习。

其二，改善学习环境。如果是学校环境问题，和老师、同学一起努力营造一个友好、积极的班级氛围。如果是家庭环境问题，比如家里太嘈杂，为孩子创造一个安静、舒适的学习小角落。

其三，压力管理教育。教孩子一些简单的压力管理技巧，如深呼吸、肌肉放松法等。同时，合理调整对孩子的期望，不要给孩子过多的压力，让孩子在轻松的氛围中学习。

其四，激发学习动力。帮助孩子找到学习的目标和意义，比如给孩子讲述知识如何改变命运的故事，或者让孩子了解通过学习可以实现自己的兴趣爱好，如学习绘画知识可以画出自己想象中的世界。

赋能语录

每一个孩子都是一颗等待点亮的星星，厌学情绪如同乌云遮住了星光。用理解、关怀和创新的方法吹散乌云，让星星重新闪耀，才能让孩子在学习的天空中重新找回自己的光芒。

孩子偏科严重怎么办?

解决孩子偏科问题对孩子的全面发展极为重要。如果孩子偏科严重，会导致知识结构不均衡。在学校里，偏科的孩子可能在自己喜欢的科目上表现出色，比如喜欢数学的孩子，在数学课上积极回答问题，成绩优异，作业完成得又快又好。然而，在不喜欢的科目上，如语文，可能会出现上课走神、不愿意写作文、对古诗词背诵很抵触等情况，这不仅会影响总成绩，还可能限制孩子未来的升学和职业选择。

在学习兴趣方面，孩子可能因为觉得某一科目内容枯燥、教学方式不吸引自己，就对这个科目产生厌恶。例如，历史课如果只是死记硬背年代和事件，孩子可能觉得很无趣。在学习能力上，孩子可能在某些科目上确实存在学习困难，如英语的语法和发音对部分孩子来说很难掌握，多次受挫后就对英语失去信心。在心理因素上，孩子可能受到外界的影响，比如听别人说某个科目很难，自己还没学就产生了畏难情绪。

儿童心理学分析

孩子偏科严重，一是因为他们的兴趣爱好在学习过程中起到了主导作用。孩子对自己感兴趣的事物会更投入，而对不感兴趣的就容易忽视。二是自我认知偏差，孩子可能在某一科目上经历了几次失败后，就认为自己没有这方面的天赋，从而不再努力。三是环境因素的影响，包括老师的教学风格、同学的评价等，都可能让孩子对某一科目产生偏好或者偏见。

解决办法

当发现孩子在语文课上看数学杂志后，老师可以说：“我知道你很喜欢数学，但是语文也很重要啊。我们可以试着从语文里找到像数学一样有趣的地方，比如分析文章的逻辑结构。”对于觉得历史课枯燥的孩子，老师可以改变教学方式，说：“我们来玩一个历史事件排序的游戏，让学习历史变得更有意思。”如果孩子对英语语法掌握有困难，家长可以鼓励：“你在英语单词记忆方面做得很好，语法只是需要多一些练习，我们可以一起慢慢学。”

教子有方

其一，兴趣激发。根据孩子的兴趣点来激发他们对偏科科目的兴趣。如果孩子喜欢故事，就用故事的方式讲解偏科科目的知识。例如，用科幻故事来讲解物理知识，用童话故事来学习化学元素。

其二，学习方法调整。帮助孩子找到适合偏差科目的学习方法。如果孩子英语偏差，可以教他们通过看英语电影、听英语歌曲来提高听说能力，用制作思维导图的方式来学习语法。

其三，心理疏导。帮助孩子克服对偏科科目的心理障碍。告诉孩子每个人都有学习的潜力，通过努力可以提高成绩。同时，避免孩子受到外界负面评价的影响，让他们树立正确的学习心态。

其四，家校合作。老师和家长要密切配合，老师在学校关注孩子的学习情况，家长在家里督促孩子学习偏科科目。例如，老师可以给家长提供孩子在学校偏科科目的学习进度，家长根据这个来安排家庭学习计划。

赋能语录

每一个孩子都是一片知识的花园，偏科如同花园里的杂草。用科学的引导和精心的呵护去除杂草，让花园里的每一株知识之花都能茁壮成长，才能让孩子的知识花园繁花似锦。

孩子上课不认真听讲怎么办？

纠正孩子上课不认真听讲的习惯是提高学习成绩和课堂效率的关键。如果孩子经常在课堂上分心，会错过许多重要的知识内容。在教室里，当老师在讲解新知识时，孩子可能会被窗外的小鸟、同桌的文具所吸引或沉浸于自己的思绪里。比如，老师在讲数学公式，孩子却在想着课间的游戏，眼神游离，对老师的讲解充耳不闻。长此以往，孩子的知识掌握就会出现断层，学习也会越来越吃力。

在注意力方面，孩子可能本身注意力集中的时间较短，难以长时间专注于课堂内容。尤其对于低年级的孩子，他们的大脑发育尚未完全成熟，容易被外界的新鲜事物所干扰。在学习兴趣上，孩子如果觉得课程内容枯燥，就很难保持认真听讲的状态。例如，对于一些抽象的科学概念或者冗长的文学作品讲解，孩子可能会觉得无趣而走神。在课堂环境中，周围同学的小动作、交头接耳等情况也可能会吸引孩子的注意力，让他们不能专注于老师的讲解。

儿童心理学分析

孩子上课不认真听讲，一是因为他们的注意力发展特点。幼儿和小学低年级阶段，孩子的注意力稳定性较差，这是正常的生理现象。随着年龄增长会逐渐改善，但如果没有得到正确的引导，可能会形成不良的学习习惯。二是缺乏内在学习动力，对学习内容没有足够的好奇心和求知欲。三是课堂环境的刺激过多，超过了孩子能够自我控制的范围，导致他们分心。

解决办法

老师课上可提醒孩子注意，下课后可以找孩子沟通："你刚才在看小鸟，是不是很有意思？但是课堂上的知识也很有趣。下次你可以先认真听讲，课间再去观察小鸟。"对于觉得课程内容枯燥的孩子，老师可以采用更有趣的教学方法："我们来做一个小实验，让大家更好地理解这个科学概念。"如果孩子是被周围同学影响，老师可以调整座位，把他/她换到一个更安静的位置，以便能更好地集中注意力。

教子有方

其一，注意力训练。在家里，家长可以和孩子进行一些简单的注意力训练游戏，如拼图、搭积木，要求孩子在一定时间内专注完成。随着训练次数增加，孩子的注意力集中时间会逐渐延长。

其二，激发学习兴趣。老师和家长要一起努力，让学习内容变得生动有趣。比如在讲解历史事件时，可以结合影视片段或者历史故事，让孩子更愿意听讲。

其三，培养自我管理能力。教导孩子学会自我约束，当发现自己走神时，能及时调整自己的状态。例如，让孩子自己设定一个小目标，每节课走神次数不超过两次，并且逐渐减少。

其四，营造良好环境。学校要维持好课堂秩序，减少干扰因素。家长也要为孩子创造一个安静的学习环境，如在孩子做作业或者复习时，关闭电视、减少噪声。

赋能语录

每一个孩子都是一艘在知识海洋中航行的小船，认真听讲是船帆。用耐心和科学的方法扬起这面帆，让小船在老师知识的海风推送下，顺利驶向知识的彼岸。

第四章 情绪

情绪是孩子内心世界的晴雨表，本章将解析 6 个典型情绪困境的应对之道。从自以为是的盲目到焦虑不安的颤抖，从冷漠以对的疏离到故意对抗的尖锐，这些行为背后都藏着未被理解的感受。我们将拆解每种情绪的心理成因：自以为是可能源于脆弱的自尊，焦虑往往来自失控感，对抗行为可能是对自主权的争取……通过案例分析和实用策略，帮助家长读懂情绪背后的需求，将对抗转化为对话，把情绪风暴变为成长的契机。记住，每个不当行为都是孩子发出的求救信号，关键在于我们能否破译这些情绪密码。

小刚，你咋像霜打的茄子？
跑步没跑好，被老师批评了，烦死了！
别气啦，老师是想你进步。我也常出糗，咱得往好处想。
真的？你不骗我？
小丽，对不起，我不是故意的！
没关系，我知道你不是故意的，咱们一起捡起来。
宝贝，一次失利不代表啥。咱先深呼吸，再找找问题。
好，妈妈，我试试。

孩子太自以为是怎么办?

引导孩子走出自以为是至关重要。若孩子一直自以为是，会在人际交往和自我认知上出现问题。在学校里，孩子可能会在小组讨论中，固执己见，听不进别人的意见。比如在讨论一个科学实验方案时，他认为自己的想法是绝对正确的，对其他同学的合理建议不屑一顾。在和朋友相处时，也总是觉得自己的观点和做法是最好的，常常会引起朋友的反感。

在学习方面，孩子可能会因为取得一点儿小成绩就骄傲自满，觉得自己已经掌握了所有知识，不再认真学习。例如，在一次数学考试中取得了较好的成绩后，就认为自己不需要做练习题了，对老师讲解的新知识也不放在心上。在兴趣爱好方面，孩子可能过度相信自己的技能，不愿意接受他人的指导。在绘画方面，觉得自己的作品已经完美无瑕，当别人提出改进建议时，完全不接受。

儿童心理学分析

孩子太自以为是，一是因为他们可能得到了过多的赞美，而缺乏挫折教育。在成长过程中，周围人的夸奖让他们过度高估自己的能力。二是自我意识过强，处于成长阶段的孩子渴望展示自己的能力和观点，但没有把握好度，从而走向自以为是。三是孩子还没有学会换位思考，不能理解别人的想法和感受，只关注自己的想法。

解决办法

在小组讨论后，老师可以和孩子沟通：“你有自己的想法很好，但是同学们也有很有价值的建议。你可以试着倾听他们的想法，这样我们才能得到更好的方案。”当孩子因为一次成绩好而骄傲时，家长可以说：“你这次考得不错，但是知识是无穷无尽的，还有很多你需要学习的地方呢。”对于在绘画方面不接受建议的孩子，家长可以引导：“别人给你提建议是想让你变得更好，你可以先听听看，说不定会让你的画更出色呢。”

教子有方

其一，挫折教育。适当给孩子安排一些有挑战性的任务，让他们在失败中认识到自己不是无所不能的。例如，让孩子参加一个稍高于其能力水平的竞赛，让其在挫折中学会谦虚。

其二，换位思考教育。通过讲故事、角色扮演等方式，让孩子站在别人的角度思考问题。比如讲一个因为自以为是而失去朋友的故事，然后问孩子如果自己是故事中的人会怎么做。

其三，培养倾听习惯。教导孩子学会倾听他人的意见和想法。在家庭会议或者讨论活动中，要求孩子先认真听完别人的发言，再发表自己的观点，并且对认真倾听的行为给予表扬。

其四，引导自我反思。帮助孩子学会自我反思，定期让孩子回顾自己的行为和想法，看看是否有自以为是或者骄傲自满的情况。如果有，引导他们思考如何改进。

赋能语录

每一个孩子都是一朵含苞待放的花朵，自以为是如同花瓣上的尖刺。用正确的引导和适度的挫折为孩子磨平尖刺，让花朵在谦逊与成长中绽放出更迷人的光彩。

孩子容易焦虑怎么办？

关注并帮助孩子应对焦虑情绪是保障孩子心理健康的关键。若孩子长期处于这种情绪中，会对他们的身心发展产生严重的负面影响。在学校里，容易焦虑的孩子可能会在考试前过度紧张，出现失眠、食欲不振等情况。比如，一听到要考试，就会一直担心自己考不好，在考试当天甚至会手抖、心慌，无法正常发挥。在日常的社交活动中，他们可能会因为害怕被拒绝或者被嘲笑，而选择独自待着，回避与他人接触。

在学习压力方面，过多的作业、频繁的考试以及高要求的学业标准都可能让孩子产生焦虑情绪。他们可能会觉得自己无法达到父母和老师的期望，从而陷入忧郁。在家庭环境中，如果父母关系紧张或者经常对孩子进行严厉的批评，孩子也容易变得焦虑忧郁。在个人性格上，有些孩子生性敏感，对周围的人和事比较在意，容易把一些小挫折或者不愉快的经历放大，从而产生不良情绪。

儿童心理学分析

孩子容易焦虑，一是因为他们的心理承受能力相对较弱，面对生活中的压力和不确定性，缺乏有效的应对策略。二是孩子在成长过程中可能受到了不良的心理暗示，比如父母经常强调失败的后果，让孩子对负面结果产生过度的恐惧。三是大脑神经发育的特点，孩子的大脑在情绪调节方面尚未完全成熟，容易受到情绪的影响。

解决办法

当孩子在考试前焦虑时，家长可以安慰说：“宝贝，考试只是检验你学习的一种方式，不用太紧张。你只要尽力就好，不管结果如何，我们都爱你。”如果是家庭环境导致孩子焦虑忧郁，父母要尽量营造和谐的家庭氛围，并且和孩子沟通：“爸爸妈妈有时候可能太严厉了，我们会注意的。你不要太担心，我们都是爱你的。”对于生性敏感的孩子，老师可以鼓励：“你要相信自己的能力，不要把小事情想得太严重。一次小挫折并不代表什么。”

教子有方

其一，情绪认知与表达。帮助孩子认识焦虑等情绪，让他们知道这些情绪是正常的，但也需要正确对待。鼓励孩子表达自己的情绪，比如通过写日记、画画等方式，让他们把内心的感受释放出来。

其二，压力管理技巧。教孩子一些简单的压力管理方法，如深呼吸、渐进性肌肉松弛、积极的自我暗示等。让孩子在感到焦虑忧郁时，能够运用这些方法来缓解情绪。

其三，建立支持系统。鼓励孩子和家人、朋友建立良好的关系，当他们情绪不好时，能够从身边的人那里获得支持和鼓励。同时，学校也可以设立心理咨询室，为孩子提供专业的心理帮助。

其四，培养乐观心态。通过讲笑话、分享有趣的故事等方式，培养孩子的乐观心态。让孩子学会关注生活中的美好事物，从而减少焦虑忧郁情绪的产生。

赋能语录

每一个孩子都是一棵需要阳光照耀的幼苗，焦虑如同遮天蔽日的阴霾。用爱、理解和科学的方法驱散阴霾，让阳光重新照耀幼苗，才能让孩子的心灵在温暖与希望中茁壮成长。

孩子缺乏同情心怎么办？

培养孩子的同情心是塑造其良好品德和社会适应性的关键。如果孩子缺乏同情心，在与人交往中会表现得比较冷漠。在学校里，当有同学不小心摔倒受伤时，缺乏同情心的孩子可能只是看一眼，然后就若无其事地走开，不会去关心同学是否疼痛或者需要帮助。在社区环境中，看到流浪动物挨饿受冻，孩子也不会产生怜悯之情，甚至可能会做出一些不友善的举动。

在情感认知上，孩子可能没有充分理解他人的痛苦和困境意味着什么。他们可能不明白摔倒受伤会有多疼，或者流浪动物的可怜处境。在家庭环境方面，如果父母平时没有注重同情心的培养，或者家庭氛围比较冷漠，孩子也很难学会关心他人。在社会影响上，一些不良的媒体信息或者周围人的冷漠行为，可能也会让孩子觉得缺乏同情心是正常的。

儿童心理学分析

孩子缺乏同情心主要是因为他们还处于自我意识较强的阶段，更多地关注自己的感受和需求。他们的大脑还在发育过程中，对于他人情感的理解和感受能力尚未完全成熟。另外，缺乏正确的引导和榜样示范也是一个重要原因。如果孩子没有看到身边的人表现出同情心，就很难学会主动关心他人。

解决办法

当看到同学摔倒后孩子冷漠离开，老师可以事后和孩子沟通："你看到同学摔倒受伤，他当时一定很疼。下次你可以试着去关心一下他，问问他有没有事。"如果孩子对流浪动物不友善，家长可以引导："那些流浪动物没有家，很可怜的。我们可以给它们一点儿食物或者水，让它们感觉好一点儿。"

教子有方

其一，情绪共鸣培养。通过故事、电影、角色扮演等方式，让孩子体验他人的情绪。比如给孩子讲一个关于贫困儿童生活艰难的故事，然后和孩子讨论故事中的人物会有怎样的感受，引导孩子产生共鸣。

其二，榜样示范。父母和老师要以身作则，展现出同情心。例如，父母可以在看到街上有人需要帮助时施以援手，并和孩子解释为什么要这样做。老师在学校里也可以关心遇到困难的学生，让孩子看到同情行为的榜样。

其三，实践体验。让孩子参与一些慈善活动，如捐赠玩具、衣物给贫困地区的儿童，或者去养老院看望老人。在这些实践活动中，孩子能够直接感受到帮助他人的快乐，从而培养同情心。

其四，家庭氛围营造。在家庭中，要营造温馨、关心他人的氛围。鼓励家庭成员之间表达关心和爱意，让孩子在充满爱的环境中成长，自然地学会关心他人。

赋能语录

每一个孩子都是一颗善良的火种，同情心就是点燃这颗火种的火花。用温暖的引导和亲身的示范为孩子擦出这火花，照亮自己也照亮他人。

孩子故意和大人作对怎么办？

正确应对孩子故意和大人作对的情况是十分关键的。如果对这种行为忽视不管，家庭的和谐氛围将会受到严重影响。在日常生活中，孩子的作对行为可能会引发频繁的冲突，例如，在吃饭时，孩子故意挑食，不吃大人准备的健康食物，即便大人劝说也无济于事，导致用餐时间充满紧张气氛。从孩子的成长角度看，长期故意作对可能反映出孩子内心的反抗情绪没有得到正确疏导，这不利于他们良好性格和价值观的形成。而且，这也会干扰大人对孩子的正常教育，使得教导孩子变得更加困难，因为孩子总是以作对的方式回应。

在安排学习任务时，孩子是不是经常故意拖延，不按照大人的要求完成作业或者复习功课？在规定的家庭规则面前，孩子是不是总是明知故犯，比如禁止看电视的时间，孩子却偷偷打开电视？在出门时，孩子是不是会故意磨蹭，不听从大人关于时间安排的指令？

儿童心理学分析

孩子故意和大人作对，很大程度上是因为他们正处于自我意识觉醒的阶段。他们渴望独立，想要证明自己的想法和做法是正确的，通过作对来表达自己的个性和主张。另外，孩子可能觉得大人的要求过于严格或者不合理，没有考虑他们的感受，所以产生抵触情绪。还有可能是孩子为了引起大人的注意，当他们觉得自己被忽视时，就会采取作对这种比较激烈的方式来获取关注。

解决办法

对于孩子在安排学习任务时故意拖延的情况，家长可以和孩子商量：“我们来制订一个学习计划，这个计划里有休息时间，也有你可以自己安排的小环节，这样你可以更好地完成作业，也能有自己的空间。”当孩子对家庭规则明知故犯时，家长可以在发现后和孩子沟通：“你知道这个规则是不能违反的，你这样做让我们很失望。我们可以讨论一下为什么你要这么做，以及怎么避免下次再犯。”当孩子出门故意磨蹭时，家长可以说：“我们出门是有时间安排的，如果你继续磨蹭，会让我们迟到，也会影响其他人。我们可以提前准备好出门的东西，这样就不会这么紧张了。”

教子有方

其一，尊重孩子的想法。在家庭决策或者规则制定时，给孩子表达自己意见的机会，例如可以说："我们想听听你对这件事的看法，你觉得我们应该怎么做呢？"并且认真考虑孩子的建议，让孩子感受到自己是被尊重的。

其二，调整要求和方式。如果孩子总是与大人的要求作对，可能是要求本身或者传达方式有问题。家长可以审视自己的要求是否合理，是否符合孩子的年龄和能力。同时，可以尝试用更温和、更有趣的方式来传达要求，比如把学习任务变成一个小竞赛或者游戏。

其三，给予足够关注。确保孩子在日常生活中能得到足够的关注，当孩子表现良好时，及时给予表扬和鼓励。例如说："你今天很听话，自己主动完成了作业，我们很为你骄傲。"这样可以减少孩子为了引起注意而故意作对的情况。

其四，建立有效沟通。和孩子建立良好的沟通渠道，当孩子和大人作对时，不要立刻生气或者惩罚，而是要和孩子心平气和地沟通，了解他们内心的真实想法。比如可以说："我知道你现在可能不太开心，你可以和我们说说为什么你要这样做吗？"

赋能语录

每一个孩子都是一颗充满能量的小星球，故意作对就像是小星球周围偶尔出现的风暴。我们要用理解和引导的阳光，穿透风暴，照亮孩子内心的世界，让他们在自我成长的轨道上平稳前行，散发出合作与和谐的光芒。

孩子喜欢生闷气怎么办？

如果孩子经常生闷气却得不到恰当的引导，可能会影响他们的心理健康。在日常生活中，孩子可能会因为一些小事就陷入生闷气的状态，比如在和小伙伴玩耍时发生了小矛盾，就一个人默默地走开生闷气，不愿意和别人沟通解决。这种情绪若长期积累，会让孩子变得更加内向和孤僻，影响他们正常的人际交往。从孩子的情绪发展角度看，生闷气是一种消极的情绪表达方式，如果一直持续，不利于孩子学会积极应对生活中的不如意，也会阻碍他们情绪管理能力的发展。

在家里，父母没有满足孩子的一个小要求，孩子是不是就会一声不响地走进房间，关上门生闷气？在学校课堂上，老师批评了孩子的一个小错误，孩子是不是会低着头，一整天都闷闷不乐，不和别人交流？在和兄弟姐妹相处时，因为争抢玩具等小事情，孩子是不是会自己躲在角落里生闷气，很长时间都不出来？

儿童心理学分析

孩子喜欢生闷气，主要是因为他们还不擅长用语言来表达自己的情绪。他们可能觉得生气是一种不好的情绪，害怕表达出来会引发冲突或者受到批评。同时，孩子可能缺乏有效的情绪调节策略，不知道如何处理自己的愤怒和不满，所以只能通过生闷气这种比较被动的方式来应对。另外，孩子的自尊心比较强，一些在大人看来微不足道的事情，可能会让他们觉得自己受到了伤害，从而生闷气。

解决办法

对于孩子在家里因为小要求没被满足而生闷气的情况，父母可以在孩子冷静一些后敲门进入房间，和孩子说："宝贝，我知道你因为刚才的事情不开心，我们可以谈谈吗？你可以和我说说你的想法。"在学校里孩子被老师批评后生闷气，家长可以在放学后和孩子沟通："老师批评你可能让你很难过，但是我们可以想想为什么会被批评，以后怎么避免。你不要一直把不开心放在心里。"当孩子和兄弟姐妹争抢玩具后生闷气，家长可以引导孩子："你和兄弟姐妹争抢玩具都不开心，我们可以一起想个公平的办法来分享玩具，你这样生闷气也不能解决问题呀！"

教子有方

其一，鼓励情绪表达。营造一个安全、开放的家庭环境，让孩子知道表达各种情绪是正常的。可以和孩子说："如果你生气了，你可以和我们说，我们不会怪你。"并且教孩子一些表达情绪的语句，比如"我很生气，因为……"，帮助孩子学会用语言来表达情绪。

其二，引导情绪调节。教孩子一些简单的情绪调节方法，比如深呼吸、数颜色（在心里默默地数周围有多少种颜色）等。当孩子生闷气时，提醒孩子可以试试这些方法来让自己平静下来。同时，鼓励孩子通过运动或者其他兴趣爱好来释放情绪，比如让孩子去户外跑步或者画画来舒缓情绪。

其三，培养解决问题的能力。孩子生闷气常常是因为遇到了问题，如和别人发生矛盾，就和孩子一起分析问题，寻找解决办法。可以说："我们来看看怎么解决这个问题，这样你就不会一直不开心了。"帮助孩子学会积极面对问题，而不是一味地生闷气。

其四，给予足够的理解和忍耐。当孩子生闷气时，要给予理解，让孩子感受到自己的情绪被重视。不要急于让孩子停止生闷气，而是要耐心地陪伴孩子，等他们情绪稍微好一些再进行沟通和引导。

赋能语录

每一个孩子都是一朵娇嫩的花朵，生闷气就像是花朵上偶尔落下的阴霾。我们要用理解和引导的微风，轻轻吹散阴霾，让花朵重新绽放出灿烂的笑容，在阳光和雨露的滋润下健康成长。

孩子容易冲动行事怎么办？

引导孩子学会克制冲动是孩子良好行为习惯和情绪管理的重要内容。如果孩子容易冲动行事，会给自己和他人带来许多麻烦。在学校里，孩子可能会因为一点儿小矛盾就和同学大打出手。例如，在排队时，同学不小心踩了他的脚，他可能不假思索地就推搡对方，从而引发冲突。在家庭中，当父母没有满足他的要求时，也可能会冲动地发脾气，比如摔东西或者大喊大叫。

在情绪控制方面，孩子可能还没有学会有效地控制自己的情绪，一旦被触犯，就会立即做出反应。在自我认知上，他们可能没有意识到冲动行事的后果，缺乏对行为后果的预见能力。在家庭教育中，可能父母在孩子小时候没有及时纠正他们的冲动行为，或者父母比较急躁，孩子容易受到影响。

儿童心理学分析

孩子容易冲动行事，一是因为他们的大脑前额叶皮质（负责控制冲动等高级认知功能）尚未发育完全，尤其是在幼儿和小学阶段，这使得他们较难控制自己的行为。二是孩子的情绪管理能力较弱，当面对强烈的情绪如愤怒、兴奋时，很难克制自己的行为。三是孩子缺乏正确的行为引导和规则意识，不知道什么行为是合适的、什么是不合适的。

解决办法

在孩子推搡同学后，老师可以先制止冲突，然后对孩子说："我知道你被踩脚很生气，但是推人是不对的。下次遇到这种情况，你可以先深呼吸，告诉对方你被踩疼了，而不是直接动手。"当孩子在家中因为要求没被满足而发脾气时，父母可以说："你这样发脾气也不能解决问题。如果你想要什么，可以好好和我们说，冲动是没有用的。"

教子有方

其一，情绪管理教育。教孩子一些简单的情绪管理技巧，如深呼吸、数颜色（让孩子在情绪激动时，观察周围环境并说出看到的颜色）等。当孩子感到冲动时，引导他们运用这些方法来平静情绪。

其二，后果认知教育。通过故事、实际案例或者角色扮演等方式，让孩子明白冲动行事可能带来的后果。比如讲一个因为冲动而闯祸的故事，然后和孩子讨论故事中的人物应该怎么做。

其三，延迟满足训练。在日常生活中，训练孩子的延迟满足能力。例如，告诉孩子如果能等一段时间，就可以得到更大的奖励，帮助孩子学会克制即时的冲动。

其四，规则意识培养。和孩子明确家庭和学校中的行为规则，如不能动手打人、不能随意发脾气等。当孩子遵守规则时，给予表扬；违反规则时，给予适当的惩罚。

赋能语录

每一个孩子都是一艘需要导航的小船，冲动行事如同海上的暗礁。用耐心的教育和明确的规则为孩子指引方向，帮助他们避开暗礁，在平静的海域中顺利航行，驶向成熟和理智的港湾。

第五章 品德

品德教育是孩子人生发展的根基，如同大树的年轮，在成长过程中留下不可磨灭的印记。本章将聚焦孩子成长过程中常见的品德困惑：从撒谎、不尊重他人到缺乏责任心，从言语粗俗到行为失当。这些看似独立的问题，实则都指向孩子品德养成的关键期。我们将以理解代替说教，用引导替代惩罚，帮助家长掌握既呵护童心又坚守原则的教育智慧。通过具体案例与实用方法，让品德教育不再是抽象的说理，而成为孩子每日践行的生活准则，最终内化为伴随一生的美好品格。

小明，这道题你是不是抄的？
老师，我错了，我不该抄同桌的。
老奶奶，我帮您拿吧。
哎呀，小姑娘，你真懂事。
小刚，我们要认真值日，这是我们的责任。
好啦，我知道了，马上干活儿。
大家要遵守排队规则，不要插队。
好的！
好的！

孩子常常撒谎怎么办?

帮助孩子树立诚实的品质是道德教育的重要环节。如果孩子常常撒谎，会影响他们的信任关系，无论是与家人还是朋友。在家庭生活中，孩子可能为了逃避惩罚而撒谎，比如没完成作业，却告诉父母已经完成了。在学校里，孩子可能为了获得表扬或者避免批评而撒谎，例如考试成绩不理想，却篡改分数或者谎称试卷还没发下来。这种行为如果不加以纠正，会让孩子逐渐失去他人的信任。

在心理动机方面，孩子撒谎主要是为了自我保护，避免受到惩罚或者获得想要的东西。他们可能觉得诚实会带来不好的后果，所以选择撒谎来逃避。在家庭环境中，如果父母对孩子过于严厉，孩子可能会因为害怕惩罚而更频繁地撒谎。在道德认知上，孩子可能还没有完全理解诚实的重要性，或者他们对于谎言和真相的界限比较模糊。

儿童心理学分析

孩子常常撒谎，一是因为他们正处于发展阶段，认知能力有限，还不能很好地权衡诚实和自我利益之间的关系。二是家庭和学校的教育方式可能存在问题，比如过于强调结果而忽视过程，或者惩罚过于严厉，导致孩子用撒谎来应对。三是孩子可能看到身边的人撒谎而受到影响，比如在一些影视作品或者家庭争吵中看到撒谎没有被及时纠正的情况。

解决办法

当发现孩子撒谎没完成作业后，妈妈可以说：“宝贝，我知道你可能是害怕被批评才撒谎的。但是撒谎是不对的，你如果没完成作业，可以和我说，我们可以一起想办法完成它。”如果孩子是为了获得表扬而撒谎称成绩考得好，老师可以引导：“你想要表扬是好的，但是我们要用真实的成绩来争取。如果你努力学习，下次一定能取得好成绩。”

教子有方

其一，营造信任氛围。父母和老师要营造一个宽松、诚信的环境，让孩子感受到即使犯错也不会受到过于严厉的惩罚。例如，当孩子承认错误时，先表扬他们的诚实，再讨论如何改正错误。

其二，加强道德教育。通过故事、绘本等方式，向孩子讲述诚实的重要性。比如讲《狼来了》的故事，和孩子讨论故事中的小孩为什么最后失去了大家的信任。

其三，榜样示范。父母和老师自己要做到诚实守信，为孩子树立榜样。例如，父母答应孩子的事情一定要做到，老师在评价学生时要公正、真实。

其四，沟通与理解。当发现孩子撒谎时，要和孩子耐心沟通，了解他们撒谎的原因。不要立刻指责，而是帮助孩子认识到撒谎的错误，引导他们选择用诚实的方式来解决问题。

赋能语录

每一个孩子在道德上都是一颗需要雕琢的原石，诚实是石上的光泽。用理解、引导和榜样的力量去打磨这颗石头，让诚实的光泽在孩子心中闪耀，才能让他们的道德之光闪耀。

孩子不知道尊重别人怎么办？

帮助孩子学会尊重他人是至关重要的。如果孩子不懂得尊重别人，会对其人际关系产生诸多负面影响。在学校里，孩子可能会在课堂上随意打断老师讲课或者嘲笑同学的回答，导致学习氛围变差，也会让其他同学对他产生反感。在家庭生活中，孩子可能会对长辈的意见置若罔闻，或者对兄弟姐妹的物品随意破坏，引发家庭矛盾。从长远来看，这种不尊重他人的行为会使孩子在社会交往中处处碰壁，难以建立良好的合作关系。

在和朋友相处时，孩子是不是经常会不经允许就使用朋友的东西，或者在朋友说话时打断对方？在公共场合，孩子是不是会大声喧哗，不顾及他人的感受，比如在图书馆也大声说笑？在面对服务人员时，孩子是不是会表现得很傲慢，提出无理的要求？

儿童心理学分析

孩子不知道尊重别人，一方面是因为他们还处于自我中心阶段，主要关注自己的需求和感受，很难站在别人的角度去思考问题。另一方面，孩子可能没有接受足够的关于尊重他人的教育，不知道尊重的具体行为表现和重要性。此外，家庭环境也可能有影响，如果孩子看到家人之间有不尊重的行为，也容易进行模仿。

解决办法

对于孩子在和朋友相处时不尊重对方的行为，家长可以在事后和孩子沟通："宝贝，你未经朋友同意就用他的东西或者打断他说话，这会让朋友很不开心。你要先问一下朋友的意见，等朋友说完话再表达自己的想法。"在公共场合孩子大声喧哗后，家长可以把孩子带到一边，轻声说："你看，这里是图书馆，大家都在安静地看书。你的大声说笑会打扰到别人，我们要保持安静。"当孩子对服务人员不尊重时，家长可以及时制止并说："服务人员是在帮助我们，我们要礼貌地对待他们，不能提无理的要求。"

教子有方

其一，以身作则。家长自己要在日常生活中表现出对他人的尊重，比如在和家人、邻居或者陌生人交流时，使用礼貌用语，认真倾听别人的观点。孩子会通过观察和模仿来学习，这样能让孩子潜移默化地学会尊重别人。

其二，角色扮演。和孩子玩角色扮演的游戏，模拟不同的社交场景，如购物、在餐厅吃饭等。在游戏中，引导孩子学会尊重不同角色的人，比如扮演顾客时要礼貌地和服务员交流，扮演同学时要尊重别人的发言。

其三，讲故事。给孩子讲一些关于尊重他人的故事，无论是童话故事还是真实故事。在故事讲完后，和孩子讨论故事中的人物哪些行为是尊重他人的，哪些是不尊重的，让孩子加深理解。

其四，及时纠正。当发现孩子有不尊重他人的行为时，要及时纠正，并且告诉孩子正确的做法。同时，对孩子偶尔表现出的尊重他人的行为要给予表扬，比如说：“你刚才等朋友说完话才发表自己的意见，这是很尊重别人的表现，做得很好。”

赋能语录

每一个孩子都是一块正在被雕琢的美玉，尊重他人就是那把精细的刻刀。用耐心和正确的引导，让孩子的身上闪亮，让他们在人际交往的舞台上，散发出友善与和谐的光彩。

孩子没有责任心怎么办？

培养孩子的责任心是极为重要的。如果孩子缺乏责任心，会在许多方面出现问题。在家庭生活中，孩子可能会对自己的房间杂乱无章毫不在意，把玩具、书籍等随意丢弃，而不考虑整理。对于分配的家务，如倒垃圾、收拾碗筷等任务，孩子可能总是敷衍了事或者干脆忘记，这不利于家庭责任意识的培养。在学校里，孩子可能对班级事务不关心，比如在小组活动中，不认真完成自己承担的部分，导致整个小组的进度和成果受到影响，也会让其他同学对其产生不满。从长远来看，没有责任心的孩子在未来的工作和社会生活中也会难以承担应有的职责，影响个人的发展和成就。

在养宠物的家庭中，孩子是不是对宠物的照顾不负责任，比如忘记喂食、清理粪便，把照顾宠物的责任都推给父母？在完成作业方面，孩子是不是经常粗心大意或者拖延，不把认真完成作业当作自己的责任？在和朋友的约定方面，孩子是不是经常爽约或者不重视自己承诺过的事情？

儿童心理学分析

孩子没有责任心，主要是因为他们还没有充分认识到自己的行为会产生相应的后果。在他们的认知中，可能觉得很多事情都有别人帮忙兜底，不需要自己完全负责。同时，孩子可能缺乏对责任的具体概念理解，不知道在不同场景下自己应该承担什么。另外，家庭环境也可能对孩子产生影响，如果家长总是代替孩子完成任务，或者对孩子的不负责任行为没有给予正确的引导和纠正，孩子就很难养成责任心。

解决办法

对于孩子在养宠物时不负责任的情况，家长可以和孩子沟通："你看，宠物就像我们的家人一样，它需要我们的照顾。你答应过要照顾它，如果你总是忘记喂食和清理，它会很难过的。我们可以一起制定一个照顾宠物的时间表。"在孩子完成作业粗心大意或拖延时，家长可以说："做作业是你自己的责任，你要认真对待。如果你总是这样粗心或者拖延，会影响你的学习成绩。我们可以一起制订一个学习计划，帮助你更好地完成作业。"当孩子和朋友爽约时，家长可以在事后和孩子说："你和朋友约定好的事情就一定要做到，这是一种责任。如果你不能做到，要提前和朋友沟通。不然你的朋友会很失望的。"

教子有方

其一，明确责任范围。和孩子一起明确在家庭、学校和社交等不同场景下他们的责任范围。例如，在家庭中，列出孩子需要负责的家务清单；在学校，和孩子讨论班级活动中他们的分工职责；在和朋友相处时，告诉孩子遵守约定是他们的责任。

其二，让孩子承担后果。当孩子因为没有责任心而出现问题时，让他们承担相应的后果。比如，如果孩子忘记带作业去学校，不要马上给他们送去，让他们接受老师的批评，这样他们会明白自己的疏忽会带来不好的结果。

其三，分配适当任务。根据孩子的年龄和能力，给孩子分配一些适当的任务，如让年幼的孩子帮忙摆放餐具，年龄稍大的孩子可以负责整理自己的房间和衣物等。并且在孩子完成任务后给予肯定和鼓励，让孩子在实践中培养责任心。

其四，树立榜样。家长自己要在生活中展现出高度的责任心，无论是对工作、家庭事务还是社会义务。孩子会通过观察和模仿家长的行为来学习，所以家长的以身作则非常关键。

赋能语录

每一个孩子都是一艘即将起航的帆船，责任心就是那扬起的风帆。用耐心的引导和正确的示范，为孩子的帆船装上坚固的风帆，让他们在人生的海洋中，能够乘风破浪，驶向有担当、有成就的彼岸。

孩子爱说脏话怎么办？

纠正孩子爱说脏话的习惯对培养他们良好的语言习惯和品德至关重要。如果孩子经常说脏话，会给周围的人留下不好的印象，并且可能会引发冲突。在学校里，孩子可能会在与同学的争吵或者玩笑中使用脏话，这不仅会伤害到同学的感情，还可能会扰乱课堂秩序或者破坏校园和谐氛围。在家庭环境中，说脏话也会让长辈感到伤心和失望。

在语言学习方面，孩子可能是在模仿他人。他们可能听到周围的人，如同学、影视节目或者网络内容中的脏话，觉得新鲜好奇就跟着学。在情绪表达上，孩子可能还没有学会用合适的词语来表达强烈的情绪，所以用脏话来发泄自己的愤怒、沮丧或者不满。在家庭和学校教育中，可能没有及时纠正孩子的这种行为，或者没有让孩子意识到说脏话是不礼貌和不被接受的。

儿童心理学分析

孩子爱说脏话，一是因为他们正处于语言快速发展阶段，对新词汇包括脏话比较敏感，容易模仿。二是孩子的情绪管理能力有限，在情绪激动时，会选择简单直接的脏话来表达。三是缺乏正确的语言环境和引导，没有树立起文明用语的意识。

解决办法

当孩子在操场上骂脏话后，老师可以马上制止并说：“你这样说脏话是很不礼貌的，以后不可以再这样。你可以用文明的方式表达你的不满，比如‘你这样跑很危险，我被撞疼了’。”如果是在家庭中听到孩子说脏话，父母可以严肃地告诉孩子：“我们家不允许说脏话，这是很不好的行为。”

教子有方

其一，净化语言环境。父母和老师要注意自己的语言，避免在孩子面前说脏话。同时，尽量减少孩子接触包含脏话的影视、网络内容。例如，为孩子挑选积极健康的动画片和影视作品。

其二，情绪表达引导。教孩子用合适的词语和方式来表达情绪。比如，通过角色扮演，让孩子模拟在生气、高兴、难过等情绪下如何用文明的语言表达。

其三，树立文明意识。通过故事、儿歌、标语等方式，让孩子明白文明用语的重要性。例如，给孩子讲一个因为说脏话而失去朋友的故事，让孩子讨论这个故事的寓意。

其四，适当惩罚和奖励。当孩子说脏话时，给予适当的小惩罚，如减少娱乐时间。当孩子能够长时间不说脏话，给予奖励，如表扬、送小礼物等，强化他们文明用语的习惯。

赋能语录

每一个孩子都是一张等待描绘的画卷，脏话如同污渍。用文明的笔触和正确的引导为孩子擦拭污渍，让画卷在礼貌用语的渲染下展现出美丽的风景。

孩子总去欺负同学怎么办？

纠正孩子欺负同学的行为对于孩子的品德培养和良好人际关系的建立至关重要。如果孩子总去欺负同学，会对被欺负的同学造成身心伤害，也会让自己陷入孤立的境地。在学校里，这种欺负行为可能表现为多种形式，比如推搡同学、给同学起侮辱性的外号、抢夺别人的文具等。

在心理因素方面，孩子可能是为了引起注意或者显示自己的力量。他们觉得通过欺负别人可以让自己成为焦点，或者证明自己比别人厉害。在家庭环境中，如果孩子在家里经常被父母严厉批评或者受到暴力对待，可能会把这种负面情绪发泄到同学身上。在社交技能上，孩子可能缺乏正确的交往方式，不知道如何与同学友好相处，就用欺负的方式来互动。

儿童心理学分析

孩子总去欺负同学，一是因为他们正处于自我意识较强的阶段，可能会通过攻击性行为来满足自己的需求。二是家庭的不良影响，如父母的暴力行为或过于严厉的管教方式，让孩子学会了用攻击来解决问题。三是孩子没有学会合适的情绪调节和社交技巧，无法用积极的方式与他人建立联系。

解决办法

当看到孩子抢夺同学铅笔盒后，老师可以立刻制止并说：“你这样做是不对的，你不能抢别人的东西，这会让同学很难过。你应该学会和别人友好相处。”如果怀疑是家庭环境导致的，老师可以和家长沟通，让家长注意自己的教育方式。家长也要和孩子沟通：“宝贝，我知道你可能有自己的想法，但是欺负同学是不被允许的。你可以和他们一起分享、一起玩儿，而不是欺负他们。”

教子有方

其一，情绪管理和社交技巧训练。教孩子如何控制自己的情绪，例如通过深呼吸、暂时离开让自己激动的场景等方法。同时，教导孩子正确的社交技巧，如学会分享、倾听、赞美他人。可以通过角色扮演来让孩子练习这些技能。

其二，树立榜样。父母和老师要以身作则，展示友好、尊重他人的行为。例如，父母之间要互相尊重，老师要公平对待每一个学生，让孩子在积极的榜样环境中学习。

其三，同理心培养。通过故事、游戏等方式帮助孩子理解被欺负的人的感受。比如讲一个小朋友被欺负后很伤心的故事，然后问孩子如果自己是故事中的小朋友会有什么感受，引导孩子学会换位思考。

其四，适当惩罚和奖励。当孩子出现欺负同学的行为时，给予适当的惩罚，如让孩子写检讨书或者减少玩耍时间。当孩子能够和同学友好相处一段时间，给予奖励，如表扬、送小奖品等，鼓励孩子养成良好的行为习惯。

赋能语录

每一个孩子都是一颗需要正确引导的社交之星，欺负同学的行为如同乌云遮住了星光。用耐心的教育、榜样的力量和同理心的阳光，为孩子驱散乌云，让他们在友善相处的天空中闪耀出温暖的光芒。

孩子经常说话不算数怎么办？

培养孩子的诚信意识是塑造其良好品德和建立可靠人际关系的基石。如果孩子经常说话不算数，会让他人对其失去信任，无论是在家庭、学校还是未来的社会交往中都会遇到问题。在家庭里，孩子可能答应了父母收拾玩具或者帮忙做家务，但转身就忘记或者故意不做。在学校里，和同学约好一起完成小组作业或者参加活动，却总是不能兑现承诺。

在自我约束方面，孩子可能缺乏足够的自我控制能力，不能克制自己的即时欲望。他们可能在答应某件事的时候是真心的，但当遇到更吸引自己的事情时，就会把承诺抛在脑后。在责任意识上，孩子还没有充分理解承诺意味着责任，不明白食言会对他人造成伤害。在家庭和学校教育中，可能没有对诚信问题给予足够的重视，或者没有及时纠正孩子的食言行为。

儿童心理学分析

孩子没有诚信意识经常说话不算数，一是因为他们正处于认知发展阶段，对于诚信的概念和重要性还没有深刻的理解。二是孩子的自我中心思维还比较强，更多地考虑自己的感受和需求，而忽视了承诺对他人的影响。三是缺乏有效的监督和引导，孩子没有养成遵守承诺的习惯。

解决办法

当孩子又一次说话不算数没有收拾玩具时，妈妈可以和孩子说："宝贝，你答应过我的事情就要做到。如果你当时不想收拾，可以和我说，但是不能总是说话不算数。"在学校里，如果孩子和同学约好却没做到，老师可以引导："你和同学有约定，这是一种责任。你这样不遵守承诺，会让同学失望的。"

教子有方

其一，诚信教育。通过故事、绘本、动画片等方式向孩子讲解诚信的重要性。例如《曾子杀猪》的故事，和孩子讨论故事中人物遵守承诺的行为及其意义。

其二，建立规则和监督机制。和孩子一起制定家庭规则，明确如果食言会有相应的小惩罚，如减少玩耍时间或者不能吃喜欢的零食。同时，监督孩子是否遵守承诺，当孩子遵守时给予表扬。

其三，榜样示范。父母和老师要以身作则，做到言出必行。比如父母答应孩子的奖励一定要兑现，老师在教学安排等方面也要遵守承诺。

其四，培养责任意识。在日常生活中，让孩子承担一些适当的责任，如照顾小宠物、浇花等，并引导他们理解责任和承诺之间的关系。当孩子完成任务时，强调这是他们遵守承诺的表现。

赋能语录

每一个孩子都是一颗诚信的种子，经常食言如同种子周围长满杂草。用诚信教育的阳光和规则监督的雨水，为孩子清除杂草，让诚信的种子在责任意识的土壤里茁壮成长。

第六章 社交

在孩子成长的舞台上，社交艺术与人际和谐是精彩绝伦的华章。它是孩子融入世界、拓宽视野的桥梁。本章深入探究如何助力孩子在社交舞台上优雅穿梭。从学会友好问候开启交流之门，到用心倾听他人搭建理解之桥；从巧妙化解矛盾维护和谐氛围，到积极分享合作共筑友谊高塔。通过家庭引导、学校培育以及社会熏陶的多元融合，让孩子掌握社交密码，与他人携手谱写温馨、和谐且富有活力的人际关系交响曲，绽放自信社交的绚丽光彩。

小张，我刚发现一个超好玩的游戏。
啥游戏呀？快告诉我！
哎呀，小赵，对不起，我没注意。
没关系，操场人多，难免的。
我想去公园野餐，可好玩了。
那我们一起吧，我带零食。
小吴，明天见，今天和你聊天很开心。
嗯，明天见，路上小心！

孩子在社交中过于羞涩怎么办？

帮助孩子克服社交中的羞涩是提升孩子社交能力和自信心的关键。如果孩子在社交场合过于羞涩，会错过许多与他人建立友谊和学习新事物的机会。在学校里，孩子可能在课堂讨论中即使知道答案也不敢举手发言，在课间休息时总是默默地坐在角落，看着其他同学玩耍，不敢主动参与。在聚会或者集体活动中，孩子可能会躲在父母身后，不敢和其他小朋友打招呼或者一起玩。

在心理因素方面，孩子可能是因为害怕被拒绝或者担心自己表现不好而感到羞涩。他们对自己的社交能力缺乏信心，总是在心里预设一些不好的结果。在性格特点上，有些孩子天生比较内向，他们需要更多的时间和鼓励来适应新的社交环境。在社交经验上，孩子可能因为过去在社交场合中有过不愉快的经历，如被嘲笑或者忽视，从而变得更加羞涩。

儿童心理学分析

孩子在社交中过于羞涩，一是因为他们正处于自我意识发展阶段，对自己在他人眼中的形象比较在意，害怕出现负面评价。二是内向的性格使他们在面对社交刺激时更容易产生紧张情绪。三是之前的负面社交经历在他们的心理上留下了阴影，使他们在新的社交情境中会自动产生回避行为。

解决办法

当孩子在操场上不敢参与游戏时，老师可以鼓励说：“没关系的，大家都很欢迎你加入呢。如果你觉得有点儿紧张，可以先在旁边看一会儿，等你准备好了再一起玩。”如果孩子是因为过去的经历而羞涩，父母可以和孩子沟通：“宝贝，上次别人的行为可能让你不开心，但不是每个人都会这样的。你要勇敢地尝试，才能找到真正的好朋友。”

教子有方

其一，社交技能训练。通过角色扮演、模拟社交场景等方式，教孩子一些基本的社交技能，如打招呼、自我介绍、加入团体活动等。让孩子在熟悉的环境中练习，逐渐增强自信。

其二，鼓励式教育。在孩子有一点儿小小的社交进步时，如主动和别人说了一句话，就要及时给予肯定和鼓励。可以用具体的语言来表扬孩子，比如“你今天主动和同学打招呼，真的很勇敢”。

其三，创造社交机会。为孩子提供多样化的社交场合，从比较小的、熟悉的圈子开始，如家庭聚会、亲子活动等，慢慢扩大到和同龄人一起的活动。让孩子在实践中积累社交经验。

其四，情绪疏导。帮助孩子认识和接纳自己的羞涩情绪。告诉孩子羞涩是很正常的，很多人都会有，同时教孩子一些缓解紧张情绪的方法，如深呼吸、积极的自我暗示等。

赋能语录

在社交场合，每一个孩子都是一朵花，羞涩如同包裹花朵的外壳。用耐心的引导和积极的鼓励剥开外壳，让花朵在社交的阳光下绽放出自信的光彩。

孩子常与同伴起冲突怎么办？

帮助孩子学会正确处理与同伴之间的冲突是培养他们良好社交能力和情绪管理能力的关键。如果孩子经常与同伴起冲突，会对他们的人际关系产生负面影响，也会影响自己的情绪状态。在学校里，冲突可能会因为争抢玩具、扮演游戏角色、观点不一致等原因而发生。比如在课间休息玩游戏时，两个孩子可能会因为都想当“队长”而发生争吵，甚至可能会动手。

在情绪管理方面，孩子可能还没有学会控制自己的情绪，在遇到分歧或者不如意的情况时，容易激动和愤怒，从而引发冲突。在社交技巧上，孩子缺乏有效的沟通和协商能力，不知道如何通过和平的方式来解决问题。在自我中心意识方面，孩子可能会更多地考虑自己的需求和想法，而忽视了同伴的感受，这也容易导致冲突。

儿童心理学分析

孩子常与同伴起冲突，一是因为他们的情绪调节能力尚未完全成熟，大脑的前额叶皮质（负责情绪控制等高级认知功能）还在发育中，所以情绪容易占上风。二是孩子正处于自我意识发展阶段，比较关注自己的权益，很难站在别人的角度思考问题。三是家庭和学校教育中，可能没有足够重视社交技巧和冲突解决能力的培养。

解决办法

当孩子因为当队长的问题发生冲突时，老师可以走过去说："你们两个都想当队长，说明你们都很有领导能力。但是我们可以用更公平的方式来决定，比如轮流当队长或者投票选举。"如果孩子是因为情绪激动而动手，家长可以和孩子沟通："你这样动手是不对的，以后遇到问题要先冷静下来，不要让情绪控制你。"

教子有方

其一，情绪管理教育。教孩子一些简单的情绪管理方法，如深呼吸、暂停片刻、数颜色（让孩子在情绪激动时，观察周围环境并说出看到的颜色）等。帮助孩子在冲突发生前控制好自己的情绪。

其二，沟通技巧培养。教导孩子学会用礼貌、理性的语言来表达自己的想法和需求。例如，通过角色扮演，让孩子练习在冲突场景中如何沟通，像“我觉得我也有当队长的理由，我们可以商量一下吗”。

其三，同理心培养。通过故事、游戏等方式帮助孩子理解同伴的感受。比如讲一个因为不考虑别人感受而失去朋友的故事，然后问孩子从中能学到什么，引导孩子学会换位思考。

其四，冲突解决策略指导。和孩子一起讨论并学习一些冲突解决策略，如协商、妥协、寻求第三方帮助（如老师、家长）等。在日常生活中，当孩子遇到冲突时，引导他们运用这些策略来解决问题。

赋能语录

每一个孩子都是一艘在社交海洋中航行的小船，同伴冲突如同海上的风暴。用情绪管理的船帆、沟通技巧的罗盘和同理心的灯塔，为孩子指引方向，帮助他们顺利穿越风暴，驶向和谐的友谊港湾。

孩子不懂分享与合作怎么办？

引导孩子学会分享与合作对于他们的社交发展和个人成长至关重要。如果孩子不懂得分享与合作，会在集体活动和人际交往中遇到困难。在幼儿园或学校里，在小组活动中，不懂分享的孩子可能会紧紧抓住自己的玩具或学习用具，不愿意借给其他同学使用。在合作完成任务时，也可能会自顾自地行动，不考虑团队的整体目标。

在自我意识方面，孩子可能正处于以自我为中心的阶段，他们首先关注的是自己的需求和感受，还没有充分意识到他人的存在和需求。在家庭环境中，如果孩子一直是家庭关注的中心，或者家长没有引导孩子进行分享和合作，孩子就很难学会这些行为。在认知理解上，孩子可能不理解分享和合作的好处，不知道通过分享可以获得快乐，通过合作可以更好地完成任务。

儿童心理学分析

孩子不懂分享与合作，一是因为他们的认知发展还处于较低水平，幼儿阶段的孩子通常会更注重自己的利益。二是家庭教养方式可能存在问题，例如过度溺爱或者没有提供足够的社交互动场景。三是孩子缺乏对分享和合作带来积极结果的体验，没有形成相应的行为习惯。

解决办法

当孩子在手工课上独占彩纸时，老师可以说："宝贝，你看其他小朋友也需要彩纸来完成漂亮的手工作品啊。如果你和大家分享，我们可以一起做出更棒的作品。"如果是家庭环境导致的，家长可以在家中引导孩子："我们是一家人，要学会分享。比如你把玩具和爸爸妈妈分享，我们会很开心，也会给你更多的爱。"

教子有方

其一，榜样示范。父母和老师要以身作则，展示分享与合作的行为。例如，父母之间互相分享食物或者快乐，老师在课堂上组织小组合作活动时积极参与并引导。

其二，游戏引导。通过游戏来培养孩子的分享与合作意识。比如玩合作搭积木的游戏，要求孩子一起完成一个积木建筑，或者玩分享玩具的游戏，让孩子体验分享的快乐。

其三，故事启发。给孩子讲关于分享和合作的故事，如《三个和尚》，然后和孩子讨论故事中的道理，引导孩子理解分享和合作的重要性。

其四，实践体验。让孩子多参加需要分享和合作的实践活动，如社区义工、团队运动等。在活动中，孩子能够直接感受到分享和合作带来的成果，从而逐渐养成良好的行为习惯。

赋能语录

每一个孩子都是一颗社交的种子，分享与合作如同阳光和雨露。用榜样的力量、有趣的游戏、富有启发的故事和实践的体验去浇灌这颗种子，让孩子在分享与合作的滋养下，成长为善于社交的参天大树。

孩子被孤立怎么办?

帮助孩子解决交不到朋友和被孤立的问题对孩子的心理健康和社交发展至关重要。如果孩子长期处于这种被排斥的状态,可能会产生深远的负面影响。他们可能会感到强烈的孤独感,这种情绪会逐渐侵蚀孩子的自信心,使其陷入自我怀疑的循环。

长期如此,不仅会影响他们的学业表现,更可能导致焦虑、抑郁等心理问题。因此,家长和老师需要及时察觉这些迹象,通过耐心的引导、社交技能训练和创造友好的环境,帮助孩子建立健康的人际关系,这对他们的人格塑造和未来发展都具有重要意义。

在社交技能方面，孩子可能缺乏一些基本的社交技能，比如不知道如何主动和别人打招呼、加入别人的游戏或者对话。在性格特点上，有些孩子比较内向或者害羞，这使得他们在社交场合中不容易打开心扉，和别人建立联系。在行为表现上，孩子可能会有一些让其他同学不喜欢的行为，比如以自我为中心、爱发脾气或者不懂得分享。

儿童心理学分析

孩子交不到朋友被孤立，一是因为他们正处于社交发展阶段，儿童的社交能力是随着年龄逐步发展的。小学阶段的孩子正处于学习社交规则的关键期，他们可能还不懂得如何主动开启对话、维持友谊或处理冲突。内向或害羞的性格也会阻碍他们主动与他人交往。二是孩子可能没有意识到自己的行为对他人的影响，没有学会站在别人的角度思考问题。许多孩子尚未发展出成熟的“换位思考”能力，无法准确理解他人的情绪和需求。三是周围环境因素，在班级中，小团体一旦形成，新成员或性格不同的孩子可能被排除在外。如果班级氛围不够包容，或者老师没有及时引导，被孤立的孩子可能长期陷入社交困境。

解决办法

当发现孩子在操场边孤单坐着时，老师可以走过去安慰说：“你是不是想和大家一起踢足球呢？你可以主动和他们说你也想参加。”如果是因为孩子的行为让别人不喜欢，家长可以和孩子沟通：“宝贝，如果你想有更多的朋友，要学会分享和控制自己的脾气。”

教子有方

其一，社交技能培训。通过角色扮演、模拟社交场景等方式教孩子一些基本的社交技巧，如微笑、眼神交流、主动打招呼、学会倾听等。让孩子在熟悉的环境中练习，增强自信。

其二，性格引导。如果孩子性格内向或害羞，要鼓励他们勇敢地迈出第一步。可以从一些小的社交场合开始，比如先和熟悉的邻居小朋友打招呼，逐渐扩大社交范围。

其三，行为改善。帮助孩子认识到自己不好的行为习惯并加以改正。例如，通过故事、游戏等方式让孩子明白自我中心、发脾气等行为是不受欢迎的，引导他们学会分享和合作。

其四，创造社交机会。家长和老师可以为孩子创造更多的社交机会，比如组织小型聚会、参加兴趣小组等。在这些活动中，孩子能够结识志同道合的朋友，增加交友的成功率。

赋能语录

每一个孩子都是一只渴望融入雁群的孤雁，交不到朋友被孤立如同迷雾遮住了天空。用社交技能的灯塔、性格引导的清风、行为改善的暖阳和创造社交机会的翅膀，为孩子驱散迷雾，让他们在友谊的天空中振翅高飞。

孩子过度关注他人看法怎么办？

正确引导孩子不过度关注他人看法是非常重要的。如果孩子长期处于这种状态，会对其心理和行为产生诸多不良影响。在学校里，孩子可能会因为害怕被同学嘲笑而不敢尝试新事物，比如在课堂上明明有自己的想法，但担心答案不够完美被他人议论，就选择沉默。在社交场合，孩子可能会为了迎合他人的期望而改变自己的行为方式，例如压抑自己真实的兴趣爱好，去参与别人喜欢的活动，从而失去自我。从长远看，过度关注他人看法会使孩子产生焦虑、自卑等负面情绪，影响他们的心理健康和自信心的建立。

在参加比赛时，孩子是不是总是担心如果没有取得好成绩，别人会看不起自己？在选择衣服时，孩子是不是更在意别人会不会觉得好看，而不是自己是否喜欢？在课堂发言后，孩子是不是会因为有同学提出不同意见，就立刻怀疑自己的观点，感到很沮丧？

儿童心理学分析

孩子过度关注他人看法，主要是因为他们处于自我意识发展阶段，渴望得到他人的认可和接纳。同时，孩子可能缺乏足够的自我肯定，对自己的价值没有清晰的认识，所以需要通过外界的评价来衡量自己。此外，周围的环境也可能对孩子产生影响，例如在一个竞争激烈或者评价体系比较严格的班级或团体中，孩子更容易受到他人看法的左右。

解决办法

对于孩子参加比赛担心成绩不好被别人看不起的情况，家长可以在赛前和孩子说：“宝贝，比赛最重要的是你能尽力去发挥自己的水平，而不是只看结果。不管别人怎么说，只要你努力了，就是最棒的。”在孩子选择衣服更在意别人看法时，家长可以和孩子沟通：“你选衣服应该首先考虑自己喜欢什么，穿得舒服最重要，不用太在意别人的眼光。”当孩子在课堂发言后因为同学的不同意见而沮丧时，家长可以在课后和孩子说：“别人有不同意见很正常，这说明大家都在思考。你的观点也有自己的价值，不要因为别人的看法就轻易否定自己。”

教子有方

其一，培养自我肯定。每天和孩子一起回顾他们当天的小成就或者优点，比如“你今天自己整理了书包，这很有条理，你应该为自己感到骄傲”。通过不断强化孩子对自己的肯定，让他们建立起内在的自信。

其二，引导独立思考。在生活中多给孩子提供一些需要他们独立思考的问题或者场景，比如让孩子选择一个兴趣班，和孩子一起分析每个兴趣班的利弊，让孩子学会根据自己的需求和喜好做出决策，而不是只看别人的选择。

其三，分享类似经历。家长可以和孩子分享自己小时候或者工作中过度关注他人看法而吃亏的经历，告诉孩子如何从中吸取教训，并且让孩子知道这种情况是很常见的，但是可以通过正确的方法来改变。

其四，营造接纳氛围。在家庭中营造一个接纳孩子所有情绪和想法的氛围，让孩子知道无论他们做什么或者想什么，都能得到家人的理解和支持。这样孩子在面对外界的不同看法时，会有更强大的心理后盾。

赋能语录

每一个孩子都是一颗独一无二的星星，过度关注他人看法就像是遮住星星光芒的云雾。我们要用鼓励和引导的清风，吹散云雾，让孩子的光芒——自我价值感，重新闪耀，在属于自己的天空中璀璨发光。

孩子不能接受批评怎么办？

帮助孩子学会正确接受批评是极为关键的。如果孩子不能接受批评，会对他们的成长产生诸多不利影响。在学校里，孩子可能会因为无法接受老师的批评而产生抵触情绪，影响学习的积极性。例如，老师指出孩子作业中的错误，孩子不但不改正，还因为生气而不愿再认真完成作业。在家庭生活中，孩子不能接受父母的批评，可能会引发频繁的亲子冲突，破坏家庭和谐氛围。比如，父母批评孩子不爱整洁，孩子可能会大发脾气，甚至和父母顶嘴。从长远看，不能接受批评的孩子在未来面对工作中的领导批评或者社会交往中的他人意见时，也会难以适应，阻碍自身的发展。

在体育比赛中，如果教练指出孩子的动作不规范，孩子是不是会拒绝接受，并且产生消极情绪，不再愿意参加训练？在和小伙伴一起玩游戏时，当小伙伴指出孩子违反游戏规则，孩子是不是会生气，甚至直接退出游戏？在艺术课上，老师对孩子的作品提出改进建议，孩子是不是会觉得很委屈，认为老师是在否定自己？

儿童心理学分析

孩子不能接受批评，主要是因为他们的自尊心较强，把批评看作是对自己的否定。在他们的认知里，还没有学会区分批评和否定的区别。同时，孩子可能缺乏应对负面情绪的能力，当听到批评时，第一反应就是用愤怒或者逃避来保护自己。另外，家庭环境也可能有影响，如果家长在平时总是表扬孩子，很少给予适当的批评，或者批评的方式过于严厉、生硬，孩子就很难适应批评。

解决办法

对于孩子在体育比赛中拒绝教练批评的情况，家长可以在事后和孩子沟通：“宝贝，教练指出你的动作不规范是为了帮助你进步，不是在否定你。你可以试着按照教练的建议去做，这样你的体育水平会提高得更快。”在孩子因为小伙伴指出违反游戏规则而生气退出游戏时，家长可以引导孩子：“小伙伴指出你违反规则是为了让游戏能够公平地进行，你如果觉得委屈，可以和他们说，但是不应该直接退出游戏。”当孩子在艺术课上觉得老师的建议是在否定自己时，家长可以和孩子说：“老师给你提建议是因为老师看到了你的潜力，希望你能把作品做得更好，这是对你的关心。”

教子有方

其一，采用温和批评方式。当需要批评孩子时，家长要注意语气和措辞，用温和的方式表达。比如可以说："宝贝，我知道你已经很努力了，但是这个地方我们可以做得更好，你看这样怎么样？"让孩子感受到批评是为了帮助他们成长，而不是指责。

其二，肯定与批评相结合。在指出孩子的错误之前，先肯定孩子的优点或者努力。例如："你这幅画的色彩搭配得很好看，但是形状这里可以再调整一下。"这样可以减轻孩子对批评的抵触情绪。

其三，培养情绪调节能力。教孩子一些简单的情绪调节方法，比如深呼吸、暂停片刻等。当孩子听到批评情绪激动时，提醒他们可以用这些方法让自己先平静下来，再去思考批评的内容。

其四，树立正确的榜样。家长自己要以正确的态度对待他人的批评，在孩子面前展示如何冷静地接受批评并从中吸取教训。孩子会通过观察和模仿来学习，这样有助于他们学会接受批评。

赋能语录

每一个孩子都是一棵茁壮成长的幼苗，不能接受批评就像是幼苗遇到狂风。我们要用温和的引导和正确的示范作为避风港，帮助幼苗站稳脚跟，在风雨中学会吸收有益的养分——批评中的积极因素，从而健康成长。

第七章　创新

在孩子成长的奇幻旅程中，创新潜能与探索精神宛如璀璨星辰，照亮他们前行的道路。本章致力于开启孩子内心深处的创意宝藏，激发其对未知世界的无限热忱。我们将引领孩子挣脱思维的枷锁，大胆质疑，勇于尝试新事物。无论是在课堂上的奇思妙想，还是课余生活中的独特发现，都将成为他们创新的源泉。通过营造宽松的成长环境，鼓励孩子发挥想象力，培养其坚韧不拔的探索毅力，让他们如勇敢的航海家，在创新与探索的海洋上扬帆起航，驶向充满无限可能的未来。

谁能改进这个，让灯泡更亮？
老师，我加一节电池试试，肯定超亮！
快来呀，这里有个从没见过的虫子！
哇，真特别，它会不会是外星来的？
怎么让这幅画更有创意？
我要给它添上会飞的房子和彩虹色的树！
我们把它做成一个超级秋千吧！
好啊，好啊！

孩子缺乏想象力怎么办？

激发孩子的想象力和创造力对于他们的全面发展至关重要。如果孩子缺乏这两种能力，在学习、游戏和生活等诸多方面都会受到限制。在学校里，对于需要创意的作业，如作文写作、美术绘画、手工制作等，孩子可能会表现得比较困难。例如，在写作文时，内容可能会比较平淡，缺乏生动的情节和独特的构思；画画时，总是临摹别人的作品，难以创作出自己想象中的画面。

在教育环境方面，传统的教育方式可能过于注重知识的灌输和标准答案，限制了孩子的思维。如果孩子长期处于这种环境中，就很难有机会自由地发挥想象力和创造力。在家庭氛围中，父母可能没有鼓励孩子进行创造性的活动，或者对孩子的奇思妙想没有给予足够的支持。在孩子自身的心理因素上，可能害怕犯错或者被嘲笑，从而不敢大胆地想象和创造。

儿童心理学分析

孩子缺乏想象力和创造力，一是因为他们正处于认知发展阶段，容易受到外界环境的影响。如果周围的教育和家庭环境不鼓励创新，孩子的这种能力就很难得到发展。二是孩子的自信心不足，担心自己的想法不被认可，所以选择保守的方式。三是没有接触足够多的激发想象力和创造力的素材和活动。

解决办法

当孩子在美术课上对着白纸发呆时，老师可以走过去说："宝贝，你可以闭上眼睛，想象一个你最喜欢的东西，然后把它画出来。不用害怕画得不好，大胆地发挥你的想象。"如果是家庭氛围的原因，父母可以改变方式，比如和孩子一起进行创意游戏，对孩子的新奇想法给予肯定："你的想法真有趣，我们来试试吧。"

教子有方

其一，提供丰富的素材。给孩子提供各种各样能够激发想象力和创造力的素材，如绘本、科幻小说、科普读物、艺术作品等。通过阅读、欣赏这些素材，拓宽孩子的视野，激发他们的思维。

其二，鼓励自由表达。在家庭和学校中，鼓励孩子自由地表达自己的想法和观点，不要急于否定。无论是多么奇怪的想法，都要让孩子感到安全和被支持。例如，在讨论一个话题时，让孩子充分发表自己的见解。

其三，开展创意活动。组织一些创意活动，如手工 DIY、角色扮演、故事创作等。在活动中，让孩子充分发挥自己的想象力和创造力，并且给予适当的引导。

其四，培养好奇心。激发孩子的好奇心，鼓励他们对周围的事物提出问题和猜测。例如，在户外散步时，问孩子对花草树木的生长有什么想法，引导他们进行创造性的思考。

赋能语录

每一个孩子都是一颗创意的种子，想象力和创造力如同阳光和雨露。用丰富的素材滋养种子，用鼓励的话语呵护成长，用创意活动激发活力，用好奇心点亮火花，让孩子在想象和创造的花园中绽放出绚丽多彩的花朵。

孩子遇到困难就退缩怎么办？

培养孩子的抗挫折能力和坚毅品质对其成长意义重大。倘若孩子遇到困难就退缩，无论是在学业上的知识学习、技能掌握，还是在生活里的新任务尝试、人际关系处理等方面，都会阻碍其进步。在学习数学难题时，可能稍微复杂一点儿就不愿继续思考；参加体育比赛，一开始落后就不想坚持；尝试新的乐器，遇到指法难练便打算放弃。

在教育模式上，过度的保护式教育使孩子缺少独自面对困难的机会，长期处于舒适区，一旦脱离保护，就难以应对挫折。家庭的过度溺爱，会让孩子习惯依赖他人解决问题，缺乏自主解决困难的意识和能力。从孩子自身心理来看，可能对失败存在恐惧心理，害怕面对不好的结果，或者对自己能力缺乏信心，不相信自己能够克服困难。

儿童心理学分析

孩子遇到困难就退缩，一方面是因为成长过程中缺乏应对挫折的锻炼，没有建立起足够的心理韧性。另一方面，家长和老师在孩子遇到困难时，可能没有给予正确的引导和鼓励，而是直接帮忙解决，让孩子错失了成长的机会。再者，孩子没有形成正确的失败观，将失败视为可怕的、不可接受的事情，而不是成长的一部分。

解决办法

当孩子在跑步比赛中想要放弃时，老师可以在旁边鼓励：“孩子，坚持一下，你能行的！大家都在努力，你也可以的。一步一步慢慢来，老师相信你能跑到终点。”如果是家庭原因导致的，父母可以改变做法，比如当孩子搭积木搭不好发脾气时，引导孩子：“宝贝，搭积木有点儿难，但是你已经做得很棒了。我们一起想想办法，看看怎么把它搭得更稳，好不好？”

教子有方

其一，适当设置挑战。根据孩子的年龄和能力，为其设置一些难度适中的任务和挑战，让孩子在克服困难的过程中逐渐增强自信心和抗挫折能力。比如，让孩子帮忙整理自己的房间，从简单的分类整理开始，逐渐增加难度。

其二，引导正确面对失败。当孩子失败时，帮助他们分析原因，让孩子明白失败是成功的必经之路，鼓励他们从失败中吸取经验教训，而不是一味地指责或过度安慰。例如，孩子考试没考好，和孩子一起分析错题，制订改进计划。

其三，培养独立解决问题的能力。在日常生活中，鼓励孩子自己解决问题，家长给予适当的指导和提示，而不是直接代替孩子完成。如孩子玩具坏了，引导孩子思考可能的原因，并尝试修理。

其四，树立榜样。家长和老师在面对困难时，展现出积极乐观、坚持不懈的态度，让孩子在潜移默化中受到影响。比如，家长在工作中遇到难题，和孩子分享自己是如何努力克服的。

赋能语录

每一个孩子都是一艘即将启航的小船，困难与挫折如同风浪，而抗挫折能力和坚毅品质则是船帆与船桨。用适当的挑战鼓起船帆，用正确的失败观指引方向，用独立解决问题的能力赋予力量，用榜样的力量照亮航程，让孩子在人生的海洋中乘风破浪，驶向成功的彼岸。

孩子不懂变通怎么办？

帮助孩子学会灵活思考、懂得变通对于他们解决问题和适应变化的能力发展至关重要。如果孩子思维僵化，在面对各种情况时，尤其是需要创新思维或者改变策略的场景中，就会遇到困难。在学习上，例如做数学题，孩子可能只会用一种固定的方法解题，一旦题目稍有变化，就不知所措。在生活中，安排好的计划如果出现变动，孩子可能很难接受，产生焦虑情绪。

在教育方式方面，传统的教育模式可能强调死记硬背和标准答案，这使得孩子习惯了固定的思维模式。在家庭环境中，如果父母对孩子的要求过于严格和刻板，要求孩子按照既定的规则和方式做事，也会导致孩子思维僵化。在认知发展阶段，孩子的大脑还在发育过程中，他们可能还没有充分发展出灵活思考的能力，容易受到已有经验的束缚。

儿童心理学分析

孩子思维僵化不懂变通，一是因为他们正处于认知发展阶段，思维方式容易受到周围环境和教育方式的影响。二是缺乏足够的思维训练，没有机会锻炼自己的发散性思维和灵活性。三是孩子可能对变化和不确定性感到焦虑，为了寻求安全感而坚持固定的思维模式。

解决办法

当孩子面对变形的数学题无从下手时，老师可以引导说："这道题和之前的是有些不同，但是我们可以试着从别的角度思考。你看题目中的这个条件，能不能用我们学过的其他知识来解决呢？"如果是家庭环境导致的，父母可以改变方式，鼓励孩子尝试新的方法："宝贝，我们不一定要按照老办法做，你可以想想还有什么有趣的方式来完成这件事。"

教子有方

其一，思维训练游戏。通过玩一些思维训练游戏，如脑筋急转弯、猜谜语、搭建积木等，来锻炼孩子的发散性思维和灵活性。在游戏过程中，鼓励孩子从不同的角度思考问题。

其二，问题解决训练。给孩子提供一些需要灵活解决的问题，引导他们尝试多种解决方案。例如，让孩子思考如何用有限的材料搭建一个最高的塔，鼓励他们不断尝试新的方法。

其三，鼓励创新想法。在家庭和学校中，鼓励孩子提出创新的想法，不要轻易否定。即使想法有些不切实际，也要肯定孩子思考的积极性。例如，孩子提出一个关于改进家庭活动的新奇想法，家长可以说："你的想法很有意思，我们来讨论一下怎么实现它。"

其四，培养适应变化的能力。在日常生活中，适当给孩子制造一些小变化，帮助他们学会适应。比如，偶尔改变一下吃饭的顺序或者出行的路线，引导孩子以积极的心态面对变化。

赋能语录

每一个孩子都是一颗需要雕琢的智慧之石，思维僵化如同石头上的硬壳。用思维训练的刻刀、问题解决的锤凿、创新鼓励的火焰和适应变化的清风，为孩子敲开硬壳，让他们在灵活思维的光辉中绽放智慧的光芒。

孩子对未知领域充满恐惧怎么办？

帮助孩子克服对未知领域的恐惧是培养他们勇敢探索精神的关键。如果孩子总是对未知充满恐惧，会限制他们的学习和成长空间。在生活中，面对新的技能学习，如游泳、骑自行车或者接触新的学科知识、新的社交环境时，孩子可能会表现出强烈的抗拒情绪。例如，当要学习游泳时，孩子可能会紧紧抓住泳池边，不敢松开，满脸惊恐。

在心理认知方面，孩子可能因为对未知事物缺乏了解而产生恐惧。他们不知道进入未知领域会面临什么，担心会受到伤害或者失败。在自我保护机制上，恐惧是孩子的一种自我保护反应。他们害怕离开自己熟悉的环境和状态，因为在熟悉的环境中他们感觉更安全。在以往经历中，如果孩子曾经在接触新事物时有过不好的体验，如摔倒受伤或者被嘲笑，也会加剧他们对未知的恐惧。

儿童心理学分析

孩子对未知领域充满恐惧，一是因为他们正处于心理发展阶段，对安全感的需求较高，未知会带来不确定性，从而引发恐惧。二是他们的认知有限，没有足够的知识和经验来应对未知，所以本能地选择回避。三是之前的负面经历在他们的心理上留下了阴影，让他们对新的尝试产生恐惧联想。

解决办法

当孩子在游泳馆不敢松开扶手时，教练可以温柔地说：“宝贝，我知道你有点儿害怕，但是我会一直在你身边保护你。你看其他小朋友也都学会了，你也可以的。”如果是因为之前的经历，父母可以和孩子沟通：“上次摔倒只是个小意外，这次我们会做好防护措施，不用那么害怕。”

教子有方

其一，知识科普。通过简单易懂的方式向孩子介绍未知领域的知识，让他们对即将面对的事物有一定的了解。比如，在学习游泳之前，给孩子讲解游泳的基本原理和安全知识。

其二，逐步引导。从孩子能够接受的程度开始，逐步引导他们进入未知领域。例如，先让孩子在浅水区感受水的浮力，等他们适应后再慢慢进入深水区。

其三，榜样激励。给孩子讲述一些勇敢面对未知的故事，或者让他们看到身边的人（如父母、哥哥姐姐）勇敢尝试新事物的榜样。例如，父母可以和孩子分享自己第一次学游泳的经历。

其四，积极反馈。在孩子尝试接触未知领域的过程中，及时给予积极的反馈和鼓励。比如，当孩子在浅水区迈出第一步时，马上表扬："你真勇敢，已经迈出了很好的一步。"

赋能语录

每一个孩子都是一艘即将启航冒险的小船，对未知领域的恐惧如同海上的浓雾。用知识科普的灯塔、逐步引导的船桨、榜样激励的风帆和积极反馈的海风，为孩子驱散浓雾，让他们在未知的海域勇敢地探索，驶向成功的彼岸。

第八章 生活

在孩子成长的广袤天地里，综合素养与生活能力如同坚实的基石与灵动的羽翼。本章聚焦于全方位雕琢孩子，使其成为适应现代生活的多面手。我们重视知识融合与运用，提升孩子的学习素养；关注品德修养与社交风范，塑造其人格魅力；着力于生活技能的锤炼，从自理小事到应对复杂情境。家庭是温馨的演练场，学校为系统的培育地，社会则是广阔的实践舞台。通过多维度的协同培养，让孩子拥有全面的综合素养与出色的生活能力，自信地翱翔于未来的人生天空。

小明，今天和妈妈一起学做菜吧！
好啊，我要做超级美味的番茄炒蛋！
我们先一起讨论计划，我来记录。
大家分组完成这个项目，要学会合作。
哎呀，我闯祸了，怎么办？
别慌，我们先找老师说明情况，再一起想办法解决。
这么多垃圾，破坏环境，我要捡起来。
我们也来帮忙。

孩子生活自理能力差怎么办？

培养孩子良好的生活自理能力是他们独立生活的基础。如果孩子生活自理能力差，会在日常生活中过度依赖他人，对他们的自信心和自我管理能力也会产生负面影响。在家庭中，孩子可能连基本的穿衣、洗漱、整理书包等小事都做不好。比如早上起床，孩子可能坐在床上等着父母帮忙穿衣服，自己不会主动去做。

在家庭教养方式方面，有些父母可能溺爱孩子，总是帮孩子包办一切事务，导致孩子没有机会锻炼自己的生活自理能力。在孩子自身心理因素上，他们可能对自己的能力缺乏信心，害怕尝试后会出错或者做得不好。在教育环境中，如果学校和家庭没有重视对孩子生活自理能力的培养，孩子也很难养成良好的习惯。

儿童心理学分析

孩子生活自理能力差，一是因为他们在成长过程中习惯了被照顾，许多家长（尤其是祖辈）习惯于包办代替，从穿衣吃饭到整理书包都一手代劳，使孩子失去了实践的机会，缺乏自我服务的意识。二是学龄前至小学阶段的孩子正处于自主性发展的关键期，他们一方面渴望独立，另一方面又容易因失败而自我否定。三是缺乏系统性的生活教育。在现代教育体系中，学校和家庭往往更重视学业成绩，却忽视了生活技能的培养。孩子既没有得到分步骤的示范指导，也缺少循序渐进的练习机会。

解决办法

当孩子等着妈妈帮忙穿衣服时，妈妈可以鼓励说：“宝贝，你已经会穿衣服啦，你可以先自己试着穿，妈妈在旁边看着你。如果有困难，妈妈再帮你。”如果是因为学校和家庭没有重视培养，父母和老师可以一起制定计划，让孩子从简单的自理任务开始逐步学习。

教子有方

其一，示范引导。父母和老师可以通过示范的方式，让孩子清楚地看到生活自理的步骤。比如，在教孩子系鞋带时，一边示范一边讲解每个步骤。

其二，分解任务。将复杂的自理任务分解成一个个小步骤，让孩子更容易学习。例如，整理书包可以分为把书拿出来、分类、放进书包等步骤，引导孩子一步一步完成。

其三，鼓励独立。在孩子尝试自理任务时，鼓励他们独立完成，不要急于帮忙。当孩子成功完成时，给予表扬和奖励，增强他们的自信心。

其四，游戏激励。通过一些游戏来激发孩子学习生活自理的兴趣。比如，和孩子比赛谁穿衣服更快，或者玩“小管家”的游戏，让孩子负责整理房间的一部分。

赋能语录

每个孩子都是成长中的小主人！别让“我来帮你”变成“我替你做”，请把生活的责任温柔地交还给孩子。相信吧，那些放手时摇摇晃晃的尝试，终将化作未来稳稳的幸福。自理能力不是与生俱来的天赋，而是用爱和信任培育的礼物！

孩子总是丢三落四怎么办？

帮助孩子克服粗心大意、丢三落四的习惯对于他们的学习和生活非常重要。如果孩子总是这样，会经常出现一些小问题，比如上学忘记带课本、做作业遗漏题目等。在学校里，孩子可能因为忘记带文具而影响课堂学习，或者在考试的时候粗心看错题目，导致成绩不理想。

在注意力方面，孩子可能注意力不够集中，容易被外界的事物干扰。他们在做事的时候可能没有全身心地投入，导致粗心和遗漏。在记忆习惯上，孩子可能没有养成良好的记忆习惯。他们可能只是匆匆完成任务，没有回顾自己做了什么，有没有遗漏东西。在心理因素上，孩子可能觉得粗心一点儿没关系，没有意识到这种习惯会带来的不良后果。

儿童心理学分析

孩子做事粗心大意、丢三落四，一是因为他们的大脑仍在发育过程中，注意力集中的时间和能力有限。二是缺乏良好的学习和生活习惯的培养，没有建立起严谨的做事风格。三是孩子对事情的重要性和后果认识不足，没有足够的动力去改正这个习惯。

解决办法

当孩子忘记带课本时，老师可以说："你这样丢三落四会影响学习的，以后每天晚上睡觉前可以检查一下书包。"如果是在家里发现孩子做作业粗心，父母可以和孩子沟通："宝贝，你做作业要认真一点儿，做完后要检查一下有没有遗漏的题目，粗心会让你在考试的时候吃亏的。"

教子有方

其一，注意力训练。通过一些简单的注意力训练游戏来帮助孩子，比如让孩子在规定时间内找出两幅图的不同之处，或者听一串数字然后复述等。提高孩子的注意力集中程度。

其二，习惯培养。帮助孩子养成良好的习惯，如每天晚上睡觉前整理书包、检查作业完成情况，做完一件事之后回顾一下步骤等。并且监督孩子坚持这些习惯。

其三，后果教育。让孩子体验粗心大意、丢三落四带来的后果，比如因为忘记带东西而不能参加有趣的活动，或者因为粗心做错题目而受到小小的惩罚，让孩子意识到问题的严重性。

其四，清单和提醒。给孩子准备一个小清单，把每天要做的事情或者要带的东西写下来，让孩子对照清单完成任务。也可以设置一些提醒，如闹钟提醒、便签提醒等。

赋能语录

每一个孩子都是一艘需要精准航行的小船，粗心大意、丢三落四如同小船的破洞。用注意力训练的木板、习惯培养的绳索、后果教育的舵手和清单提醒的灯塔，为孩子修补破洞，让他们在人生的海洋中精准地驶向目标。

孩子晚上不睡、早上不起怎么办？

纠正孩子晚上不睡、早上不起的习惯是非常重要的。如果这种作息习惯不加以调整，会对孩子的生活和学习产生诸多不良影响。在学习方面，孩子可能因为早上起不来而上学迟到，影响正常的学习进度。而且，睡眠不足会导致孩子在课堂上精神萎靡，注意力不集中，例如经常打哈欠、走神，从而影响知识的吸收和学习效果。在身体发育上，充足的睡眠是孩子生长发育的关键因素之一，长期作息不规律会干扰孩子身体正常的生物钟，对身体健康不利。

在周末或者假期，孩子是不是晚上熬夜看电视、玩游戏，第二天中午才起床？在上学的日子里，孩子是不是因为晚上磨蹭，入睡时间过晚，导致早上起床困难，需要家长反复催促？在睡前，孩子是不是会因为兴奋或者紧张等情绪，难以平静下来进入睡眠状态？

儿童心理学分析

孩子出现晚上不睡、早上不起的情况，主要是因为他们还没有建立良好的时间管理和自我约束能力。孩子容易被外界的诱惑吸引，如电子产品、有趣的玩具等，从而忘记了时间。同时，他们可能对睡眠的重要性缺乏足够的认识，不理解作息不规律会带来的不良后果。另外，睡前的情绪状态也会影响孩子入睡，例如，如果睡前进行了剧烈运动或者看了刺激的影视节目，孩子的大脑处于兴奋状态，就很难快速入睡。

解决办法

对于孩子在周末或假期熬夜、晚起的情况，家长可以和孩子一起制定假期作息时间表，规定晚上睡觉和早上起床的时间，并和孩子约定好奖惩措施。比如，如果孩子能够按照时间表作息，就可以奖励他去喜欢的地方游玩。在上学日子孩子入睡晚、起床难的问题上，家长可以在睡前营造安静的氛围，比如提前关闭电子产品，拉上窗帘，给孩子讲一个温馨的睡前故事，帮助孩子放松身心，尽快入睡。当孩子因为情绪问题难以入睡时，家长可以和孩子一起做一些放松的活动，如深呼吸、冥想，让孩子的情绪平静下来。

教子有方

其一，建立规律作息。和孩子一起制定详细的作息时间表，包括晚上洗漱、阅读、睡觉的时间，以及早上起床、穿衣、吃早餐的时间。将时间表张贴在孩子的房间显眼处，让孩子时刻能看到，并且监督孩子按照时间表执行。

其二，控制睡前活动。在睡前 1 ～ 2 小时，避免孩子进行剧烈运动或者使用电子产品。可以安排一些安静的活动，如阅读绘本、听轻柔的音乐，帮助孩子的大脑从兴奋状态过渡到平静状态，有利于入睡。

其三，营造睡眠环境。确保孩子的卧室安静、舒适、黑暗和凉爽。可以使用遮光窗帘、舒适的床垫和枕头，以及合适的室内温度，为孩子创造一个良好的睡眠环境。

其四，培养时间观念。通过一些简单的方法来培养孩子的时间观念，如使用定时器，让孩子在规定时间内完成洗漱等任务。当孩子能够按时完成任务时，给予表扬和奖励，增强孩子的自我约束能力。

赋能语录

每一个孩子都是一颗遵循自然规律的小种子，作息就像是阳光和雨露。用合理的引导和舒适的环境作为滋养，帮助小种子在正确的时间生根发芽，茁壮成长，让良好的作息成为孩子健康成长的护航使者。

孩子面对陌生环境适应力差怎么办?

帮助孩子提高对陌生环境的适应能力，对孩子的心理成长和社会交往都非常重要。如果孩子面对陌生环境适应力差，会在新环境中产生强烈的不安和焦虑情绪。例如，当孩子进入新学校、参加新的兴趣班或者搬家到新的社区时，可能会出现哭闹、沉默寡言、不愿意参与活动等情况。

在心理安全感方面，孩子在熟悉的环境中建立了一定的安全感，陌生环境打破了这种平衡，他们会感到害怕和无助。在社交能力上，孩子可能因为缺乏足够的社交技巧，在新环境中不知道如何与他人建立联系，这也增加了他们的不适应感。在认知方面，孩子对新环境的不了解也会导致他们产生恐惧，他们不知道这个新环境里有什么规则、有什么样的人。

儿童心理学分析

孩子面对陌生环境适应力差，一是因为他们正处于心理发展阶段，对熟悉的人和事物有较强的依赖，陌生环境带来的不确定性会引发焦虑。二是社交技能还在发展过程中，在新环境中社交互动的困难会影响他们的适应。三是认知能力有限，不能很好地理解和预测陌生环境中的情况，所以会感到不安。

解决办法

当孩子在新幼儿园角落哭泣时，老师可以走过去，温柔地说：“宝贝，我知道你来到新的地方有点儿害怕，但是这里有很多好玩的东西。我可以带你去看看吗？”如果是因为社交问题，家长可以和孩子沟通：“你可以试着和新的小朋友打招呼，大家都会很乐意和你做朋友的。”

教子有方

其一，提前了解环境。在进入陌生环境之前，尽可能让孩子了解这个环境的相关信息。比如，要去新学校，可以提前带孩子参观校园，告诉他学校的布局、有哪些有趣的地方等。

其二，角色扮演。通过角色扮演游戏，模拟孩子可能在陌生环境中遇到的场景，让孩子练习应对方法。例如，模拟在新班级里如何向同学自我介绍。

其三，社交支持。鼓励孩子在新环境中主动结交朋友，并且可以为孩子创造一些社交机会。比如，邀请新环境中的小朋友到家里做客。

其四，情绪疏导。帮助孩子认识和表达自己在陌生环境中的情绪，教他们一些缓解焦虑的方法，如深呼吸、积极的自我暗示等。

赋能语录

每一个孩子都是一只需要适应巢穴的小鸟，面对陌生环境适应力差如同遭遇凛冽的寒风。用提前了解的暖巢、角色扮演的翅膀、社交支持的同伴和情绪疏导的阳光，为孩子抵御寒风，让他们在巢穴中安心栖息。

孩子不喜欢运动，体质差怎么办？

鼓励孩子喜欢运动并增强体质是保障孩子健康成长的关键。如果孩子不喜欢运动且体质差，他们会更容易感到疲倦、易生病，在学习和生活中也可能会受到影响。在学校里，孩子可能在体育课上表现出慵懒、对体育活动缺乏热情的状态。例如，跑步的时候没跑几步就气喘吁吁，或者一听到要上体育课就愁眉苦脸。

在兴趣培养方面，孩子可能没有发现运动的乐趣，或者之前在运动过程中有过不愉快的经历，比如摔倒受伤、被嘲笑等，导致他们对运动产生抵触情绪。在家庭环境中，父母可能没有起到很好的榜样作用，或者没有积极引导孩子参与运动。在身体因素上，由于体质差，孩子在运动时可能会比其他孩子更容易感到疲劳和不适，这也会让他们更加排斥运动。

儿童心理学分析

孩子不喜欢运动、体质差，一是因为他们正处于心理发展阶段，对运动的认知和兴趣还需要引导。之前的负面经历可能会在心理上留下阴影，降低他们对运动的积极性。二是家庭教养方式可能没有注重运动习惯的培养。三是身体状况不佳使他们在运动体验上较差，形成恶性循环。

解决办法

当孩子在操场上不想运动时，老师可以说：“宝贝，我知道你可能觉得累，但是运动可以让你变得强壮。我们可以先从轻松一点的活动开始，比如慢走。”如果是家庭环境导致的，父母可以改变方式，比如和孩子一起进行有趣的家庭运动，像亲子瑜伽或者家庭羽毛球赛。

教子有方

其一，兴趣引导。找到孩子可能感兴趣的运动项目，比如孩子喜欢小动物，可以带他们去骑马或者观察鸟类飞行，然后引导他们对相关运动产生兴趣。也可以通过观看有趣的体育比赛、体育节目等来激发孩子的运动热情。

其二，游戏化运动。把运动变成游戏，让孩子在玩乐中不知不觉地进行运动。例如，玩追逐游戏、跳房子游戏等，让运动变得更有吸引力。

其三，制定合理计划。根据孩子的体质，制定适合他们的运动计划。从简单、轻松的运动开始，逐渐增加运动的强度和时间。比如，一开始让孩子每天散步 10 分钟，之后慢慢增加到 15 分钟、20 分钟。

其四，榜样激励和奖励机制。父母要以身作则，积极参与运动，成为孩子的榜样。同时，当孩子完成一定的运动目标或者表现出对运动的积极态度时，给予奖励，如送小贴纸、小玩具等，激励孩子坚持运动。

赋能语录

每一个孩子都是一颗需要活力浇灌的幼苗，不喜欢运动、体质差如同阴霾。用兴趣引导的阳光、游戏化运动的雨露、合理计划的肥料和榜样激励奖励的微风，为孩子驱散阴霾，让他们在运动的滋养下茁壮成长。

孩子挑食怎么办？

解决孩子挑食的问题是十分重要的。如果孩子长期挑食，会对他们的身体发育产生严重的负面影响。身体方面，孩子可能会因为缺乏某些关键的营养成分而出现健康问题。例如，不爱吃蔬菜的孩子可能会缺乏维生素、矿物质等营养物质，导致免疫力下降，容易生病。在生长发育阶段，挑食可能影响孩子的身高、体重增长，像不爱吃肉的孩子可能会因为蛋白质摄入不足而发育迟缓。从长远看，不良的饮食习惯还可能延续到成年，增加患慢性疾病的风险。

在学校的午餐时间，孩子是不是会把不喜欢的食物剩下，比如把胡萝卜或者西兰花偷偷倒掉？在家庭聚餐时，孩子是不是对新的食物或者某些传统菜肴表现出抗拒，不愿意尝试？在面对一些有营养但味道不那么好的食物时，孩子是不是会直接拒绝入口？

儿童心理学分析

孩子挑食主要是因为他们的味觉比较敏感，对于某些食物的味道、质地难以接受。比如，有些孩子不喜欢吃香菜，可能是受不了香菜特殊的气味。同时，孩子的饮食习惯也受家庭环境和个人偏好的影响。如果家庭平时提供的食物种类比较单一，孩子就很难接受新的食物。另外，孩子可能会受到视觉因素的影响，一些食物的外观如果不吸引他们，也会导致挑食。

解决办法

对于孩子在学校午餐时挑食的情况，家长可以和孩子沟通："宝贝，学校的午餐都是经过营养搭配的，每种食物都有它的好处。你可以试着吃一点儿不喜欢的食物，哪怕只是一小口。"在家庭聚餐孩子抗拒新食物时，家长可以鼓励孩子："这是一道新菜，你可以先尝一点点，说不定你会喜欢呢。"当孩子拒绝有营养但味道不好的食物时，家长可以尝试改变烹饪方式，比如把蔬菜做成可爱的造型或者和孩子喜欢的食物一起烹饪，如把胡萝卜切碎加入孩子喜欢的肉丸中。

教子有方

其一，榜样的力量。家长自己要养成良好的饮食习惯，不挑食、不偏食。孩子通常会模仿家长的行为，看到家长愉快地接受各种食物，他们也会更愿意尝试。

其二，增加食物趣味性。将食物制作成有趣的形状或者用可爱的餐具来盛装食物，吸引孩子的注意力。例如，把米饭做成小动物的形状，或者用彩色的小碗装水果。

其三，逐步引入新食物。每次给孩子引入一种新食物，从少量开始，让孩子慢慢适应。可以和孩子一起了解新食物的来源、好处等，增加孩子对新食物的接受度。

其四，让孩子参与烹饪。让孩子参与食物的准备过程，比如让孩子帮忙洗菜、搅拌面糊等。孩子会对自己参与制作的食物更有兴趣，从而减少挑食的情况。

赋能语录

每一个孩子都是一棵等待茁壮成长的幼苗，挑食就会让幼苗出现营养不良。用巧妙的烹饪和积极的引导，可以让孩子欣赏美味从而达到营养均衡，使幼苗最终长成参天大树，成为国家的栋梁。